どんな大学に入ってもやる気がでる本

ホンネで考える
大学の活用法 AtoZ

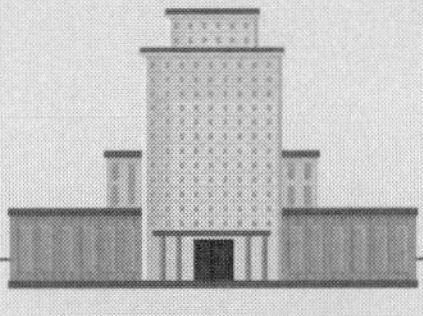

washida koyata
鷲田小彌太

言視舎

はじめに

△「一流大学に就職問題はない。問題は何になりたいかだ。」

こう静かに、だがきっぱりと言い切った学生がいた。わたしが勤めた大学の学生ではない。二〇〇八年のリーマンショックのさなかでだ。

「どこに就職するの？」と尋ねた。文学部の学生だったが、

「ＩＴの時代だ。先端技術を習得するため、専門学校に入り、エンジニアをめざす。」と応じた。

「進路を変更するの？」と質《ただ》すと、

「大学はどの学部でもよかった。ただし文学部を選んだのは、何をどう学んでもいいからだった。四年間で、二度と出会えないものに触れることができた。」

こういうのだ。彼はいまけっして大手ではないが農工系のＩＴ企業でエンジニアとして働いている。

△「**就職してから勉強します。**」

女子学生に人気で最難関の就職先は、女子アナだ。わたしのゼミに意欲満々の学生がいて、

「女子アナになります。そのために局主催の予備講座に入らなければなりません。ゼミ欠席を許可願います。」

当のスクールは東京にある。「ゼミはレポートで補いなさい。」といったが、一つ心配していることがあった。

「筆記試験はないの？」「ある。」「アナに必要な基礎知識の対策はしているの？」

「合格してから勉強します。」

実のところ、わたしが勤務していた大学では、就職試験にペーパーテストがあると、過半は落ちる。就職のための基礎勉強が足りないというか、ほとんど受験勉強をしない。かの意欲的なゼミ生、女子アナ就活には見事失敗した。だが意欲だけはあった。小さな広告代理店に滑り込んで、実績をあげ、大手に転じた。

△「どんな大学を出ても、就職先で頑張れば、同じですよね？」

S君に聞かれた。真顔でだ。難問で、直球で答えることは難しい。

「東大を出ても、それ相応の働きをしなければ、評価は下がる。この大学を出ても、期待以上の働きをすると、評価は上がる。」

S君、十分に納得はされなかったようだが、頷いてくれた。しかし、S君、在学中はアルバイトに専念した。残念だが卒業してからの行方はわからない。

△「まだ生きています。」

M君、初めてのゼミ生だった。就職口を世話して三年目、はじめての年賀状にこうあった。二年ゼミをともにしたので、微苦笑できた。

無口で、友だちがいないM君、課題を出すと几帳面にやってくる。ただしかなりとんちんかんだった。ニーチェなど、難解な本を読んでいたが、難解だから読むに値する、という風なのだ。

「壁に向き合って生きてゆきたい。」それがM君の希望だった。家庭の事情は聞かない。それがわたしが学生と付き合う基本だ。

それから三十年、M君、同じ職場で生きている、ともれ聞いた。なにか、教師冥利に尽きる瞬間だ。

△どんな大学に入っても、を出ても、いい。重要なのは、「学び」、つまりはワーク（仕事）だ。

日本では、同年齢の過半以上が大学に進む。やがて大学で学んだ二〜三割が、大学院に進む時代だ。すでに大学院研究科の院生数が学部学生数よりはるかに多い大学・学部だってある。

これほど多くの人が、若者だけでなく、社会人も主婦も、そして定年後の人も、大学にやってくる。そこで最短で二年、最長なら十数年学生・院生・研究生生活を送る。

ところが、その大学生活をいかに効果的に、快適にすごすのか、意欲的に学ぶのか、研究を進めるのかにかんするまとまった「知的活用本」がなかった。

長い間、大学で教えてきたものとして、迂闊なことだった。本書の執筆を思い立った第一の動機だ。

△二一世紀の大学

二一世紀を挟んで、日本の大学は大変貌を遂げつつある。本書は、その変化にふさわしい大学活用術を紹介することにつとめた。本書第一の特長である。

しかし、どんなに変貌が激しくても、大学は研究教育機関である。学生にとっては期間限定の貴重な四年間を使って、学びかつ探究する空間である。本書は、あくまでも「学ぶ」という点に焦点を定めた大学活用術をめざした。本書第二の特長である。

△学生諸君の熱意と努力と才能を呼び覚ましたい

しかし、大学はそこで学べばすむというわけにはいかない。大学にはもうひとつの、けっして小さくない目標がある。

多くの学生にとって、卒業後にどのような将来展望を開くことができるのか、とりわけ就職問題と大学院進学問題が関心の的になる。

この二つの問題に付随するが、特に知的な活動分野に進もうという人に配慮した大学活用術を示すこと、これが本書第三の特長である。

だがである。本書を活用し、大学生活を効果的にいきいきとすごすことができるかどうかは、読者一人ひとりの熱意と努力と才能にかかっている。本書は、諸君の「やる気」を可能なかぎり引き出す工夫をしたつもりだ。本書第四の特長である。

実のところ、大学がどんなに整備され、教授陣がどんなにそろっていても、大学を活かすも殺すも、学生諸君の努力と熱意による。学生諸君の活力ある大学生活こそ、大学の存廃を左右する要石《キーストーン》なのだ。この点をとくに声を大にして叫びたい。

目次

第二章　できる学生になるために　65

第一章　大学で学ぶということ

1 「学ぶ」基本は「独習」

△勉強が嫌いは自然だ

勉強にかぎらない。子どもにかぎらない。それがなんであれ、好きだったら、誰にいわれなくても、進んでやる。むしろ、気がつかないうちにやってしまっている。好きなら、ひとりでにやる、独りでこそやる、ということだ。

勉強が好きな子がいる。数が少ないが、いる。学校《スクール》に行く、授業《スクール》に出るのが好きな子がいる。数は少ないが、たしかにいる。

だが子どもの絶対多数は、勉強より好きなものがある。勉強は、しなければならない「義務」や「強制」であり、「課業」と感じているから、する。対して、好きなことは放っておいてもしてしまう。夢中になって、やる。勉強は嫌いなのが自然であり、当然なのだ。嫌いなことをすると、気が入らない。負荷《ストレス》が溜まり、気も滅入り、体にも悪い。出来＝結果が悪く効率もよくない。これが自然である。嫌いなことは避ける、が自然だし、気分がいい。

では好きなことだけをしていて、いいのだろうか？　すむのだろうか？　支障がないのだろうか？

たとえば食べ物だ。好き嫌いの激しい人がいる。特に子どもに多い。なんでも手に入る時代である。種類がどんなにあっても好きなものに、まずひとりでに手が伸びる。嫌いなものは簡単に拒否できる。立派な大人なのに、「魚の青いのと野菜の黄色いのは、親の遺言で食べないことにしている。」という妙な理屈を立てる人さえいる。

しかし、成長期にある子どもの場合には特にそうだが、食べ物の好き嫌いをそのままに放っておくと、栄養に偏りが生じ、体に変調を来す。もちろん体の一部である脳にも悪い。人間が成長するために必要な基本栄養分が欠けるからだ。これは放っておいていい問題ではない。

一九六〇年代がわたしの学生時代である。貧乏というわけではなかったが、食事に回す十分な金がなかった。安いのと調理しなくて済むのとで、食パンと牛乳ばかりで腹を満たすことが多かった。ために全身にかゆみが出て、失神しそうになった経験がなんどかある。野菜（ビタミン）不足が原因だった。わたしの場合、パンと牛乳が好きだから食したのではない。ただ金と時間を節約するための理由だった。もっとも「昼食はパンと牛乳だけで十分だ」を実践していた国文の先生がいた。源氏物語を講読してくれた教養部の林先生で、のちに大冊『枕草子研究』を出されていたことを知ったが、うらなり瓢箪のようであったと記憶している。

好みにかんして、勉強も食べ物と同じである。放っておくと、ほとんどの子は勉強以外に、好きなことに向かう。人はこの社会で生きてゆくために必要な知識や技術を学びとらなければ、好きだけでは生きにくい。生きる知識や技術には、もちろん礼儀や言葉等のマナーが入っている。

そんなものはなくても生きていくことができる、というかもしれない。たしかに学校に行かなくても、そこで知識や技術をわざわざ学ばなくても、生きてゆくことができる。現に生きている人がいる。むしろ、好きでもない高校や大学まで行ったため、バカで不作法になる人のほうが多い。これが現状ではないだろうか？

だがよくよく考えてほしい。高い低いに関係なく、その時代にふさわしい適切な知識や技術をもった人間が半分五〇％以上程度いなければ、日本の政治や経済はいうにおよばず、文化や生活の一定水準をさえ維持してゆくことができるだろうか？　まったくできない、と断言できる。

なに、世界標準《グローバルスタンダード》などを気にせず、必要最低限のもので生きるスタイル、いわゆるスローライフで生きてゆけばいいじゃないか。学校に行かなくとも、さして勉強などしなくても、いわゆるローテクで生きてゆけばいいじゃないか。このようにいう人がいる。とんでもない謬見だ。

スローライフ、ローテクの実体は「自給」であり「自足」である。生活の基本は自前の手作り（hand-made; home-made）である。食糧、住居の一つをとっても、それを自前で獲得、建築しなければならないとするならば、とてつもない数の種類の知恵・知識と才能・技術を身につけていなければならないだろう。それにもまして暇がかかる。忙しいことかぎりない。

もちろん、スローライフの知識や技術だからといって、好きだから、おのずと身につくのではない。それを身につけなければ、生きてゆくことができないから、好き嫌いに関係なく、むしろ嫌々でも、必死で身につけなければならないのだ。

わたしは水田地帯に生まれた。春と秋、田植えと稲刈りの時期になると、かなりの数の級友が学校に出てこない。教師に様子を見てこい、できれば引っ張ってでもつれてこい、と命じられた。(70年前の小中の教師は小さな独裁者だった。命令には背けない。反すると恐ろしい目にあわされる。)

Y部落のいちばん奥、学校から6キロほどあるS君の「家」(掘っ立て小屋スタイル)に行くと、小5のS君がもろ肌ぬいで働いている。S君とお父さんに「学校に出てくるように」という教師の命令を伝えた。

「学校はもういい。こいつは一人前に働ける体になった。これからなにもかも教え込まなければならない。」こういったきりで、まったく相手になってくれない。S君、わたしの帰り際に「学校に行きたいな」とぽつりと漏らした。力が自慢で、S君の勉強嫌いは徹底していた。そのS君が学校へ行きたいというのだ。家の仕事より学校の勉強のほうがよほど楽で自由だ。学校の教師の教えや懲罰より、父親の教えや懲罰のほうがよほど厳しい。しかしながら父親(教師)の厳しい教え(授業)以外にS君が自立し、貧しい生活から抜け出してゆくすべがない。そのことをS君は親から身をもって教え込まされている。だから自分から「学校へ行かせてほしい」と親にいえない。

だがである。スローライフ・ローテクそのままの動・植物のほうがずっと厳しいのだ。生存競争が激しい。餌をとる能力、技術、意欲のない野生の動物は、餓死する。餓死する前に、餌になる。どんなに繁茂している草花でも、日照りが続くと枯れる。枯れる前に草食動物や昆虫の餌になる。スローライフは野生の生活に、ほんの少しだけ近づくことを意味するが、そういう生活をしたいのかな？　する人はいるのかな?!

△好きになる、熱中する

もちろん「好きこそ物の上手なれ」（What one likes, one will do best.）といわれる。好きだと、進んでやる。おのずと手が出る。禁止されても手が出る。禁止されるほど手を出したくなる。しかし、どうやったら好きになることができるのだろうか？　とりわけ嫌いな勉強である。嫌いなものを好きにするのは簡単ではない。食べ物でも難しい。

こんなことがあった。「青い魚は嫌いだ。絶対食べない。」こういうわがまま女史を寿司屋に連れて行かなければならない機会があった。若い子ではない。中年である。しかも東大の教授だ。

寿司職人S（この人は天才だったが、残念なことに個人破産を選んで、借金を踏み倒して蒸発した）に事前にお願いして、「青もの」ばかりを出してもらうことにした。カウンターに出てくる「にぎり」はどれも美しい。もちろん、一見して、青ものとは思えない。女史は、何の疑いもなく、口に入れ、目を瞠り、「美味さ」で感動する。鯖、秋刀魚、鯵、鰯それに鰊である。それもつくりかたを変えて、二種ずつだ。

一息ついたあと、彼女はいったものだ。「なんていう魚？」

板さんが、実物をもう一度示しつつ、名前をいう。エッ、鯵なの、鯖なの、秋刀魚なの。鰊だって。こんな（うまい）の、食べたことがない、という顔をする。食べ物は、かなり偏屈な人でも、旨いものを食べさせれば、美味い、という声とともに、手が進む。

しかしここでの相手は食い物ではなく勉強である。勉強嫌いを、好きにするのは、簡単ではない。至難の業といっていい。勉強の中心が「授業」である小、中、高校時代に、進んで勉強好きになるのは極めて困難である。なぜか？

学芸であれ、ビジネス知であれ、産業技術であれ、家事であれ、うまくなるには時間がかかる。だがどんなに時間をかけてもだらだらやっていると、身につかず、ますます嫌いになる。熱中することなしには、うまくなることは至難なのだ。

熱中とは、夢中になって集中することである。ただし、瞬間の夢中ではない。集中力の持続がなければ熱中など不可能である。問題は熱中するきっかけだ。いやなものに熱中する、そのきっかけ（はじめ）が難しい。

強い弱いの程度の違いはあれ、はじめは「強制」を必要とする。「はじめに強制ありき。」これで行くしかない。

青もの魚が嫌いな女史は、私が寿司屋に連れて行かなければ、自分の意志では、寿司屋には行かなかっただろう。行ったとしても、赤身、イカ、貝類を頼んだだろう。私がだますようにして勧めなければ、「未知」の握りを食べなかったに違いない。否、食べなかった、と断言できる。連行する、勧める、これも「強制」の一種である。

つまり、嫌いと思ってきた青魚を食べて、うまいと思い、好きになるのには、自分の自発的な意志ではない、他人の意志の介在、「強制《おしつけ》」が必要だということだ。まずこのことを納得してほしい。強く、強くだ。

さらに重要なことがある。

「好きこそものの上手なれ」は、その通りだが、上手になったものでも、最初から「好き」だった、というものは稀である。本当に好きになるためには、一般的に、熱中するだけでなく、一定程度以上に上達する必要がある。一時熱中しても、ある程度上達するところまでいかなければ、たいていは急速に熱が冷めてしまう。嫌になり、むしろ嫌悪の対象になりかねない。

わたしの息子は小学から中学へかけて将棋に熱中したことがある。たまたま友人Hが月例の研究会の後一泊してゆくことがあって、そのHに手ほどきを受けたからだ。上手に教えられると面白くなる。上達する。最後は友人が辟易するほどにまで、将棋対戦に熱中した。将棋のとりこになった。好きになったのだ。しかしその友人が尋ねてこなくなり、対戦相手がいなくなると、自然と息子から将棋熱は消えていった。好きも嫌いもなくなったのだ。

まず「熱中」があって、好きがはじまる。熱中できないものは好きになれない。しかしその熱中は、多少にかかわらず、最初は、「自発」ということはむしろ稀で、「強制」（外から与えられたもの）からはじまる。

どんなに好きで熱中できるものでも、最初は、（外から）与えられたもの、勧められたもの、つまりは強制されたものである、ということは知っておくべきだ。

△好きが、嫌いになる

「好き」は「楽しさ」の源泉である。

歌うのが好きだ。歌に熱中できたら素敵だ。歌手になりたい。歌手になるためだったら、どんな苦しさでも我慢できる。こう思えるだろう。たしかに好きと楽しさは太い線でつながっている。

だが、好きで熱中しても、時間をかけた修練（トレーニングやエクササイズ）をともなわなければ、逆に簡単に、「嫌い」に急転する場合がある。稀なことではない。

たとえば歌手である。学校では抜群に歌がうまかった。カラオケでもつねに拍手喝采を浴びた。歌手になろう。それで、歌手養成学校に進んだ。最初は、ボイストレーニングの毎日である。自分の好きな歌を自分好みに唄うのとは違う。正しい発声法で、定番《スタンダード》の曲を、楽譜通りに唱わなければならない。好きな歌のことだ。どんな「強制」にも我慢できる。そう思えた。

ところが、正しい発声がまずできない。できないというか、やったことがない。それに好きな歌が唱えない。面白味のないスタンダード曲ばかりだ。しかも、きちんと歌えたらまだしも、まわりから失笑が出るほど、下手（不正確）にしか歌えない。したがって、正しい発声も、スタンダード曲も、いやでいやでたまらないということになり、養成学校に通うことに耐えられなくなる。

好きな歌を、好きに唱う。それがまわりから「うまい」といわれた。唱うのが楽しかった。独習の楽しさである。ところが、音楽学校では独習が許されない。ボイストレーニングを積んでいないと、プロの舞台に立つことは難しい。これが学校の基本方針である。

ここで最初の重要な岐路（わかれみち）に立たされる。好きなのだから、ボイストレーニングの段階を必死で耐え抜くか、好きでもないものに耐える必要はないといって放り出すか、である。歌が好きな青少年の多くが、この段階で歌のトレーニングを放り出す。それだけでなく、好きだった歌を唱うことが嫌いになる。

好きだ。それに夢中になれたら、どんなに楽しいだろう。その楽しいことをやって、金になって、楽しく生活できたらどんなに幸せだろう。そう思えた好きなものが、指のあいだから砂がこぼれ落ちてゆくように、あっという間に消えていってしまう。こういうケースは、考えられている以上に多い。自分の身のまわりにもある。

△「独習」の危険

「好きこそものの上手なれ」の基本は、おのずと好んでやることである。独習である。先生もいない、強制もないことが独習の特徴である。好きで、一人でもやるのだから、熱心である。熱心さは上達の原動力《エネルギー》である。そう思うだろう。

ところがである。「独習」が上達と結びつくには、条件が必要なのだ。その条件が充たされなければ、上達が難しいだけではない。熱心であればあるほど、「下手の横好き」(He is always at it, and always bad at it.) になってゆく。上手からどんどん離れてゆく。

どんな家屋でも、基礎の上に立つ。基礎がなければ、悪ければ、どんな立派な材料を使い、超一流の大工が腕によりをかけて家を建てようとしても、住める家にはならない。床が傾ぐからだ。

基礎がまずければ、早晩、家は傾いてゆき、住めなくなる。

勉強でも仕事でも同じだ。見よう見まねでおぼえる範囲は、考えられているほど広くはない。思いこみだけだと、とんでもない結果を生む。

たとえば「糠《ぬか》漬け」である。毎日欠かさずに糠をかき混ぜるのが、美味しい糠漬けを生む基本である。こう、見よう見まねでおぼえて、せっせと糠床をかき混ぜる。しかしいつまでたってもいっこうに美味しく漬からない。なぜか？

糠漬けは植物性乳酸菌が野菜を発酵させてできる。この乳酸菌は酸素を嫌う。ところが糠床には、表面に酸素の好きな産膜酵母菌が、底部には酸素の嫌いな酪酸菌が発生する。糠床をかき混ぜるというのは、上部と底部をひっくり返すことで、産膜酵母菌と酪酸菌の発生バランスを取って、乳酸菌を活性化させるためにある。やたらかき混ぜると、酸素が多くなり、酪酸菌を減らし、ひいては乳酸菌を殺すことになる。

たかが糠漬けとバカにしてはいけない。一事が万事である。基礎の知識や技術があるかないかで、同じ努力をしても、結果はまるで正反対になるからだ。

独習の危険はもう一つある。「好きこそものの上手なれ」というが、好きなものだけに目や手や頭がいって、他が見えなくなる。他から学ばない。他を知ろうとしない。独習の多くが独善《ひとりよがり》に陥る理由だ。

時々妙な人に呼び出された。そのひとつが五十代のなかばではなかったろうか。

「ぜひお会いしたい。会ってお聞かせしたいことがある。」

というアポイントメントが私の勤務先にあり、お断りしたが、半ば強制的に迎えの車に乗り込まされた。わたしもなんどか泊まったことのあるけっしていかがわしくないホテルに着いて、わたしより少し若い人が鄭重に迎えてくれた。話の内容は、十年間ほど思索を重ね、ついに「哲学の根本問題」を解決した、というものだ。なんでこんなことをわたしにいうのか、と思ったが、黙って聞いていた。

宇宙の最初は、微粒子が渦巻き状態で高速度に運動していた。証明は、それ以外にない。加えて、あまりにばかばかしくてなにも喋ることのできないわたしに向かって、驚いたでしょう。反論できますか？　できませんね。今日からあなたを私の弟子と認めます。

こういうのだ。

「哲学の根本問題」が宇宙の「開始」問題だということは、まあおおまけにまけていいとして、というか許せるが、この人がいったことは、もうとっくの昔に、ドイツの哲学者カントがいったことであり、カントの前にも素朴な形であれ、多くの人が主張している。つまりは、この人の哲学の根本問題解決云々《うんぬん》は、自分の無知を知らない、ひとりよがりの意見なのだ。

「高速で渦巻き状態に運動するカオス状態」の「前」はどうだったの、と聞き返す気さえ起こらない「素朴」な意見なのだ。しかし、この人、外見上は狂っていない。話し方も穏やかだ。それで、一言だけお聞きした。

「どこで勉強されたのですか?」

「師は必要ではなかった。NとNとの県境近くで、一人で思索し続けた」という。

一人で学ぶのは自由である。しかし独習だと、多くは、先人の知識や技術の世界をまったく無視して、すでに何千年前、何百年前に主張されたり発見されたりした知識や技術を、自分の新研究や新発見とみなす、独善に陥る。独習の「毒」に侵される。

独習の毒に陥らないためには、やはり「他から学ぶ」を、否や応にかかわりなく、まずは教え込まされてはじまる「勉強」を基本としなければならない。親、教師、本、等々が必要な理由でもある。

2　大学で「学ぶ」基本的な意味

△大学も「学校」だ

大学では独習、自学自習（to study by [for] myself）が基本になるといった。小・中・高と根本的に異なる点だ。

独習できない人、独習の習慣を大学でつけることのできなかった人は、一生涯、自分の意志で学ぶという、人間だけに備わった特性をもつことができない、と思ったほうがいい。非常に残念なことだ。

しかし、大学も学校である。学ばなければならない献立表《メニュー》はきちんと用意されている。「定食」（ダイエット）が提供されるのだ。それを摂取し咀嚼すれば、日本国民として、ときに国際人として生きてゆくのに恥ずかしくない程度の一般的な知識や技術の総体を身につけることができる。いわゆる「一般教養」（リベラル・アーツ）をだ。

高い授業料を払って、四年間ほとんど勉強をせずに、大学生活を送ってなにになるんだ。無駄である。むしろ、働かない、考えない、遊ぶだけの、だらしのない人間を作るだけのことで、有害である。こういう批判がある。もっともなことだ。

だが、ここに普通の高校卒の人と、普通の大学卒の人をならべて比較してみるといい。「普通」というのは「平均値」（アベレージ）ということで、「最も厚い層」をさす。

総じて大学卒と高校卒とでは「なにかが違う」。「違い」がこれだ、と数値や形で明示することは難しいが、比較して大学卒のほうが「幅」が広いのである。一部分にしか過ぎなくとも、深いのである。最もはっきりしていると思われる「違い」は、「新規なもの」に尻込みしないことだろう。少なくとも「調べる」ことはできる。

大学でほとんど学ばなかった人が、卒業後十年していうのは、「もっと勉強すればよかった」で、後悔である。「後悔は先に立たず」だ。同時に「それでも大学へ行ってよかった」である。

これは、勉強しなかった後悔とともに、高校のまま終わっていたら、もっともっと劣った人間になっていたに違いない、という実感のすなおな披露ではないだろうか。

誤解されては困るが、例外はある。この場合は、無数にある。しかし、総じて＝平均値でいえば、「幅の広さ」などは大学卒のほうが高校卒より数が多いだけでなく、働いて（能力）も、つきあって（人間関係）も、モア・ベターだということだ。

非常に極端にいえば、大学の四年間、ほとんど自学自習したという実感がなくとも、大学に来なければ味わえなかった知識や技術や人間関係を「ある程度」身につけることができた、ということだ。これってバカにできない。

だから、わたしは大学進学を躊躇している子が相談に来たら、「大学は行ったほうがいいよ。いく必要がないということは、行ってみないとわからないいんじゃない。」ということにしている。

「高校に行くのもいやだ」といっていたわたしの娘が、二人とも、勧めもしないのに大学に行って、ほとんど勉強せずに卒業し、やがて三十近くになって、案の定、「大学に行ってよかった」と漏らした。情けないことだが、事実である。しかしこういわれて、じつは少々うれしかった。

△教育の基本は「強制」にある

大学も学校であるといった。学校には勉強という「定食」メニューがある。ただしレストランとは違う。食べるも自由、食べないも自由ではないのだ。定食は食べなければならない。きちんと決められた席に着き、マナーを守って、一定時間で平らげなければならない。しかもこの食事、出る料理も食べ方も基本的には自由＝勝手気ままではない。一方的に与えられる「定番」（ルーチン）で、「強制」である。

小・中は義務教育だから、学ばなければならないのではない。「学校」は否も応もなく、学ばせるから、教育システムなのである。教育は強制をその本質としている。高校も大学も学校である点では、強制をその本質としている。メニューが多く、自由の幅が大学ではより広がるだけのことに過ぎない。

大学は自学自習の場だといった。しかし、そこには習得しなければならない一定水準の教科目（＝定食）が存在する。講義、演習、実験、実技、等々という形で、共通科目、専門科目が配されている。習得義務の単位数が決まっている。一〜三年は、講義や演習をエスケープして存分に遊び、四年にまとめて取得しようとしても不可能である。毎年取るべき単位数をクリアーしてゆかないと、卒業はおぼつかない。

定められた卒業単位数を取る（揃える）のは、実をいえば最低限の課業をクリアーすることで、少しも難しいことではない。ところが大学生の過半は、この卒業単位数をクリアーすることに苦労するというか、息もぜいぜい状態になる。普段からトレーニングをしていないからだ。授業に半分も出ない、演習で発表しない、実技は手を抜く。これでは知力体力を保つのは難しい。

定食も満足に摂取しないのだ。自学自習まではとても心も体もまわらない。それでも、まがりなりにも大学に入り、卒業単位数をクリアーするのは、半睡状態では不可能である。学校に行き、授業や演習に参加し、微小なりとも知的肉体的課業に耐えなければならない。最低のバーであれ試験をクリアーしなければならない。単位認定という強制力がそうさせる。

△もし試験がなければ

「試験」がなければ大学ほど素敵な場所はない。自由を満喫できる。試験があるばっかりに、授業に出なければならない。テキストや資料を読んだり暗記しなくてはならない。最低限度にしろ、試験勉強を強いられるのだ。しかも、テストには合否がある。落ちたら、どんな小さな努力にしろ、無駄になる。だれもがこう思うだろう。

「私は授業には全部出た。試験勉強も十分した。問題にも真剣に取り組み、自分では満点に近い解答を書くことができた。ところが評点はBである。納得できない。」という理由をつけて、「再評価」願いを出す学生がいる。

記述問題で、二問解答のうち、一問は設問の読み違いがあった。しかし、設問に答えるべき内容とは違うが、本人が答えようとした内容はまずまずである。それで、他の一問の努力を認めてBをつけた。

このように、試験は試験者（教師）の評価と受験者（学生）の評価がいつも食い違う。教師は学生を落としにくいし、学生は試験が受かっても、その評点に疑義が湧く。

こんなあいまい評価の試験はしないほうがいい。こう思うかも知れない。さらには評点など、人間を点数で量る愚行だ、という人がいる。じゃあ、全員、無試験、無考査で、パスでいいというのだろうか？　断じて、まったくダメである。

放っておいても自学自習する学生なら別として、学生の九割九分は、試験（という強制）がなければ学ばない。

「試験をするのは、君たちが試験をしなければ学ばないからだ。」

というのがわたしの年来の主張だ。まだ学生から反論はない。

「もし試験をしなくても、自学自習する人がいるとしたら、名乗り出て欲しい。」

こうつけ加えるが、名乗り出た人はいない。

「試験」が必要な理由は他にもある。なにもペーパーテストだけが試験ではない。「テスト」はさまざまだ。ペーパーテストは、実は学生にとって最も好便《ユースフル》な方法なのだ。教師の私情や好悪が比較すると入りにくい。だから大昔からいままで続いているのである。もちろんこれからも続く。

△高校卒と大学卒の一般的違い

高校卒と大学卒は「なにかが違う」といった。その「なにか」は、以上述べたように、定食を食べること、食べることを強制されること、さらにはきちんと摂取し、栄養になったかどうかをテストされることから生まれる、といった。しかし高校にも「定食」がある。大学より厳しい強制がある。テストもある。どこが違うのか、というだろう。

ここでの問題はその「なにか」とはどういうものか、ということだ。中心は、「定食」の中味の違いである。

高校までの定番教科（定食）には教科書がある。教科書は検定本である。検定するのは文科省だが、内容は「全国一律」が基準である。異論の多い内容、特殊《スペシャル》で部分的《パーシャル》な内容は検定から外される。教科書採用にならない。

大学にも教科書《テキスト》がある。しかし検定教科書ではない。全国一律が目ざされているわけでもない。独自に研究を積んだ専門家《スペシャリスト》が書いたテキストが使われる。もちろんテキストなしの講義や演習がある。教えるのは特殊な分野を研究する専門家の場合が多い。

広く一般的な知識や技術を教える場合も、教師が専攻している専門をベースに講義や演習が進められる。高校と大学で教えられる内容の最も大きな違いはこの専門性にある。大学教師はほとんどが専門家だ。

同時に、大学で教えられる「教養」＝「一般的な知識や技術」（共通科目）も、高校の授業の延長的側面の部分はあっても、より広くより深い、という特長をもつ。

たとえば、高校では、聖徳太子は摂政で、天皇に代わって政治の実際を委され、隋との外交で「日出る処の天子……」という国書を書いたり、最高の知識人の一人で「十七条憲法」を草したりした、と習うだろう。ところが大学では、そもそも聖徳太子という人物が歴史上に実在したという証拠はない、と習うかもしれないのだ。（ただし、高校の教科書にも、最近、聖徳太子の実在に疑問を付すような記述が現れはじめた。）

高校と大学で、全然違ったことを教えていいのか？　と思うだろう。学問（専門）の進みによって、新たに明らかになる事実がある。かつては天動説が優勢だったが、いまは地動説が優勢である。学問の進化を大学は積極的に取り上げてゆく。対して、全国一律を基準とする高校が学問の進化を採用するには、時間がかかる。

3　大学はモラトリアムだ

△「やりたいこと」を見つける

「志望学部は工学部、学科は機械工学科、専攻は自動車エンジン開発だ」といって東大に進み、M自動車のエンジン開発に奔命した高校での同級生がいる。素晴らしい。対して、「志望学部は経済学部で、サラリーマンになる。その後のことは大学に入ってからゆっくり考えればいい。」これがわたしの志望学部の選択理由だ。情けない。しかし事実である。

わたしの大学進学時代、一九六〇年代はまだ進学率一〇パーセントだった。その過半ははっきりした志望理由をもって受験したと思える。二度受験に失敗したため、明確な理由をもたなかったわたしは、志望を文学部に変えた。サラリーマンにはならない。一流企業を目ざさない。情けないがこういうことになった。反動である。同じだったのは、「人生進路は大学に入ってから決まるだろう」だった。

わたしの場合は、浪人と大学二年間、およそ四年間をかけて、将来の進路を決めたことになる。もっとも大まかな進路で、第一次進路とでも呼ぶべきものだった。今から考えると、わたしは大学を、将来の進路を決める猶予期間《モラトリアム》とみなし、実行したことになる。

医学部を志望する。医者になるためだ。これははっきりしている。法学部を志望する。法曹関係の仕事をする、弁護士になるためだ。こういえるだろうか？　弁護士を大量に輩出する東大法や早大法でも、司法試験合格をめざすのは、一部である。

将来の進路、やりたいこと、とりわけ仕事は、大学に入ってはじめて決めなければならなくなる、というか、正確には、現実に考えなければならなくなるのだ。その意味で大学は「やりたいこと」を見いだすための猶予期間である。

モラトリアムなんて贅沢だ、ぼんやり遊んで過ごすことを合理化する方便だ、といわれるだろう。そんな側面があることは否めない。しかし、モラトリアムとは、支払い猶予期間のことで、締め切りがある。その締め切りまでに支払金を揃えなければならない。揃えないと相応の罰がある。

大学＝モラトリアムもまったく同じだ。「やりたいこと」が決まるまで、待っていてもはじまらない。「やりたいこと」を発見するために、懸命にトライアル・アンド・エラーを重ねる必要があるからだ。それをしなければ、四年になってもなにも決まらず、就職せずにあいかわらず「やりたいこと」を求めて彷徨い、フリーターとなるケースが多いのだ。好きこのんでのフリーターではない。自ら招いた結果である。

わたしは文学部に入り、最初、国文科に進もうと思った。しかし当時、歴史科に予備校のときに習った助教授がいた。授業も面白い。だが歴史学科に進んだ先輩たちがどうも知的ではない。生意気にもそう思えた。残るのは哲学である。これが難しそうなのは分かったが、そこがまた魅力であった。先生も変わっていた。

進学希望で訪れた倫理学教室の相原先生は、「就職の世話はしない。それでもよかったら」とおっしゃった。それで「進路」が決まった。

△「卒業証書」をもらう

「卒業証書一枚を貰うために大学へ行くなんて下らない、無駄だ」という人がいる。一理も二理もある。一流大学を出たということを鼻にかけるだけで、実力のともなわない人は確かにいる。数も少なくない。

しかしすでに述べたように、「卒業証書」を貰うには、そうおうの努力なしには不可能である。最低限のことをしなければならないのも事実なのだ。

しかし「卒業証書一枚」のことだけにかぎっても、「あるとないと」ではずいぶん違うのだ。

繰り返しいうが、今日では「なぜ大学に行くの?」という問いより、「なぜ大学に行かなかったの?」という問いのほうが、優勢になった。大学に行く人のほうが行かない人よりも多くなったからだ。行かない人のほうが少数派、稀になる、というのがこれからの変わらない傾向である。

大学へ行かない理由を、とくに述べなければならない必要がある時代にわたしたちは生きている。

一九七〇年代までは、結婚適齢期があって、それを超えると、「なぜ結婚しないの?」という質問を浴びせられた。直接いわれない場合でも、「あの人が結婚しないのは、できない理由がきっとあるのよ」とみなされることが多かったのだ。しかし、現在、三十代になっても、四十歳になっても、結婚しない理由をとやかくいわれなくなった。

大学へ行くのが日本人の常識になった。つまり日本人のフツーの「資格」が「大学卒」ということになったのだ。それを証明するのが「卒業証書」である。別に証書を誰彼に明示する必要はない。日本では、履歴書に「〇×大学卒業」と書けば、よほど怪しい人でないかぎり、承認される。

ということは、逆に、学歴を詐称すると、たかが卒業証書のことではすまされなくなる。

詐欺よりたちの悪い、人格的におかしい人とみなされる。

簡単にいえば、大学卒の証明があれば、いちいち断らなくとも社会のフッーの一員として承認されるということだ。なに実力があれば、どこそこの大学を出たか出ないかは問題ではない、というだろう。正論である。しかし、公務員試験も、新聞社の試験も、大学卒と高校卒では、異なった取り扱いを受ける。給与体系も別だ。これも常識である。

△就職の準備期間

大学は、「やりたいこと」を見つける準備期間だといった。「やりたいこと」の中心は仕事である。「仕事」とは、大学生にとっては第一に「就職」(試験)である。この意味では、大学はその四年間の当面の「最終」目的は就職にある、といっていい。

「一流有名大学には、『就職難』問題はない。あるのはどこに決めるかだ」と断じた人がいた。嫌味に聞こえる。が、事実である。二流、三流大学には、自分の希望と現実との間に落差が生まれる。彼らが就職戦線で競争を勝ち抜くには、それなりの準備が必要になる。具体的には就職試験のための勉強だ。

ところが大学進学は、就職のための手段であると割り切って考えている学生でさえ、三年間をうかうかと過ごし、就活期間がやってきてあわてて一夜漬けよろしく「試験」勉強をはじめる。勉強しない学生は、「面接」で頑張るという。

ところが就職試験で三流大学でもかなり希望に近い会社に受かる場合がある。それほどに二一世紀の日本は、若年労働力が不足に喘《あえ》いでいる。若年労働は売り手市場なのだ。だから、もし四年間、地道に就職試験に備える勉強を続ければ、二流、三流大学を問わず、希望の職種、望む会社の試験に合格する可能性はうんと高まる。

大学のほうは、企業を招いて就職説明会を何度も開いて、就職に備える雰囲気作りに懸命である。就職試験のための講座を開いたり、インターンシップ（会社研修）を勧めたり、で大わらわだが、3K（危険・汚い・きつい）職種・職場は端から敬遠される。

というと、大学生はイージーゴーイングで救いようもないダメ存在のように聞こえるが、そんなことはないのだ。はっきりいえば、よほどの人でないかぎり、人は強制や切迫や絶命の危機がなければ、懸命になれないし、奔命できない。学生時代にはこれらの危機がないというか、感じることがほとんどない。する必要がない。それに一九九〇年代、長い「氷河期」があったが、過半の学生が就職できた。できなくてもフリーターで凌ぐことができた。

就職の準備期間をうかうかと過ごす本当の理由ではないだろうか。

さらに一言つけくわえれば、学生だけではなく、日本人の過半が、職がなくても、失業やリストラにあっても、それが絶命の危機につながる、と考える必要がない情況のなかにあるといっていい。

△中退と除籍はまったく違う

大学生活はモラトリアム期間である。やりたいことを見つけるために行く。それを見つけて就職する「手段」とする。だから、卒業証書をただの紙一枚じゃないか、というと、とんだことになる。こういった。

「やりたいこと」を見つけた。大学なんかにチンタラちんたら行っていてもはじまらない。やめて、すぐやりたいことに飛び込もう。こういう人がいる。かならずしも少ない数ではない。

しかし「短慮」はいけない。先ず第一に忠告したいことがある。

本当にやりたいことならば、一年や二年遅れたって、「やりたいこと」が消えてなくなるわけじゃない。まずはきちんと卒業しよう。それに大学に行きながらでも「やりたいこと」に取りかかることだって可能じゃないか。

だが、高い授業料を払ってまで大学を卒業するなんて、大いなる無駄だ、と反論するだろう。しかし日本人にとって大学を卒業するということは特別な意味をもつのだ。

「どこの大学を出たか」は一生ついて回る。もちろん「学歴がない」ことも一生ついて離れない。「大学卒」（学歴）は刺青と同じなのである。なにをするにも、就職、結婚、昇格をはじめ葬式での故人紹介まで、この刺青が「通行手形」の役割をする。この事実を重く受けとめよう。「学歴」なんぞ人生にとってまったく無意味だ、と思えてもだ。

大学は、行かないより、行ったほうがいい。そして行ったなら、卒業するほうがいい。ひとまずこのことを頭にたたき込んでおこう。これは絶対忠告である。

といっても、大学をさまざまな理由でやめざるをえない場合がある。いちばん大なのは授業料未納であり、次いで修学続行が不可能な病気である。だが、大学にはやめ方がある。大学だけではない。「立つ鳥跡を濁さず」である。会社だって、たとえ日雇いのアルバイトだって、きちんと後始末をつけてやめる。これが肝心なのだ。

大学の途中退学だ。どうせやめるのだから、いちいち大学に断わるのも面倒だ。未納の学費なんていまさら払っても無駄だ。もったいない。放っておこう。事務から学費未納入の通知があり、面談の呼び出しがあっても、無視、である。

しかし、退学は自然成立ではない。退学が可能なのは、在学期までの授業料を納入し、退学理由をしたためた退学届けを教授会（学部長）に提出し、教授会の承認をえなければならない。学生の「退学」は人事（人権）案件なのだ。教授会の最重要審議・決定事項の一つである。

そんな審議など関係ない、どうせやめるのだ、ということになれば、この学生は「中退」ではなく「除籍」である。大学に入学し、籍を置いたという経歴が消える。「学歴」が消滅するのだ。

したがって、除籍されたものが、「大学中退」と履歴書に書いたり、公的に表明すると、公文書偽造ないしは「自分」を偽る虚報者とみなされ、処罰や批判の対象になる。不利益をこうむるのだ。

以上の忠告にもかかわらず、学歴消滅でいっこうにかまわない、という人は、それはそれで仕方がない。おのれの行く道である。誰に遠慮も要らない。ただし自己責任である。自業自得になる。

4　四年間で「専門家」になる

△学部卒はアマチュアだ

経済学部とか工学部という。専門学部だ。

戦前の旧制大学は三年制で、旧制高等学校卒業者が進む学校だった。その旧制高等学校は五年制で、旧制中学校の後期に当たる。戦後、新制大学が発足し、旧制高等学校は大学の教養部（一～二年課程）に編入され、それが制度的に一九八〇年代まで続いた。現在、ほとんどの大学では教養部はなくなり、学部に編入されている。

ところが四年制学部は、その過半で、学術の高度化、専門の細分化によって、専門学術を教え学ぶ場ではなくなった。工学部機械工学科を出たからといって、機械工学のプロとみなされるわけではない。せいぜいよくて、セミプロである。

政経学部は早稲田大学の華である。しかし、早大の政経学部を卒業したからといって、政治経済の専門知識を駆使できるプロの能力がある、とは誰も認めてくれない。多少政治学に詳しい、という程度の評価しか受けない。これが現在の学部卒業生に対する社会的評価であり、それはおおよそのところ当たっている。

正確にいえば、学部四年間は専門学部に学ぶといっても、専門家である教師が経済学の基礎的な手ほどきを、あるいは、専門的な視野から経済的諸事象を理解する手ほどきを与える、という程度のことで、学術的にいえば、リベラルアーツ（liberalarts　教養課程）に属するのである。

学生たちも、経済学部を出たからといって、経済学を駆使して仕事をするプロを目ざす能力がある、とはほとんど考えていない。そんな風に遇されるとしたら、むしろ迷惑、無いものねだり、として尻込みするだろう。

学部卒は、現在、プロかアマかといったら、明確にアマチュアに属すると断じていい。

△四年間でプロになる

以上を断った上でいえば、ここからが面白い。

じゃあ、大学四年間はアマチュアを、せいぜいよくてセミプロを養成する機関に過ぎないのか、というと、然り、かつ、否、という他ない。

総体的には、然りである。大学卒の九〇パーセントは、就職した職場で課せられる仕事の中で、自分が学んだ知識や技術を利用・活用することはあっても、仕事を通してはじめて自分のプロとしての知識や技術をトレーニングし、磨いてゆくのである。このうち純然たるプロになる人の割合は、意外と少ない、と見ていい。

ところが大学の四年間というのは実のところ半端な時間ではない。ほとんど全部が、自分で自由に処分できる時間だ。一日十二時間、一週間で八十四時間、身の毛のよだつほど膨大な時間を勉学《トレーニング》に回せるのである。この大半を使って懸命に自学自習すれば、四年もあれば一分野のプロになることはかならずしも不可能ではない。いな、かぎられた分野のプロになるのはそんなに難しくないと考えて欲しい。

大学で四年間、文化人類学を学んで卒業した。プログラマーになるべく、単身アメリカのコンピュータサイエンス学科に学士入学（三年編入）し、二年間でほぼプログラマーの能力を獲得した男がいる。セミプロよりもプロに近い能力だ。事実ベンチャー企業でエンジニアになった。

ことは、政治学や経済学、文学や音楽ではもっと容易かも知れない。政治学の一流《スタンダード》テキストを読破し、政治経済問題を解く各種ツールに習熟し、具体的な政治事象の分析や評論を書く程度のことは、四年間もあればけっして不可能ではない。

現在、学部はプロの養成機関ではなく、大学院がそれに代わっている。しかしよくよく学び才能ある学部学生がプロと同等の実力を持って卒業してゆく。四年間はプロになる必要十分な時間ではないが、やり方次第では十分な時間となりうるのだ。何せ、12×360×4＝一七二八〇時間あるのだ。半端じゃない。

△四年間で教授を追い抜く

大学の教師はその分野では一応プロである。「一応」といったのは、研究職についたはいいが、自己研鑽をほとんどせずに、教師生活（teaching）を送る人が過半をはるかに超えるからだ。かつてはプロだったが、もはや古くて使いものにならない知識や技術をもって満足している人もいる。やはり現役のプロとはいえない。

学術は高度化し、専門は細分化した。専門家のことをスペシャリストという。極端にいうと、一つのことを深く深く掘り下げて考究する人のことだ。（これを否定的にいうと、一方面のことしかわからない人のことを指す。「専門バカ」という言葉がある。ただし、専門バカをバカにしてはいけない。専門バカになれるほど、その方面では立派な仕事をしている、という意味を含むからだ。）

一つのことだけを掘り下げるだけなら、四年間あれば、あるいは二年間もあれば、指導教授の「専門」の深さを超えることはそんなに難しくない。

第一に、指導教授の「深さ」にまでは、学んで＝真似してかなり速く到達可能である。第二に、指導教授の深さを、教授とは違った進め方をも含めて、さらに深めればいいのである。

教授は自分の学生が、独特で新規な論文を書いたとき、それは自分の指導の結果である、とみなす当然の理由がある。一方、学生のほうは、その論文は教授の指導に半ば負っているとはいえ、新規な論点の提出は自分の努力（掘り下げ）の結果である、とみなす当然の理由がある。ここから教授と学生間に論文のオリジナリティの優先権《プライオリティ》をめぐる隠微な争いが生じるケースがある。教授が学生の論文を自分の名で無断発表して、トラブルを生むケースも稀ではない。（逆に学生が教授に無断で論文を発表して、「破門」に遭う場合もある。）

学生の成果を無断流用するなんて、情けない教授だ、という批判は当たっている。だが、狭い専門専攻の研究がしばしば遭遇するケースでもある。できる学生はこんなトラブルに巻き込まれない注意が必要だろう。

△四年は短く、長い

一方に、大学に入学して四年間、知的にも技術的にもまったく進化しなかった、というかむしろ退歩したかに見える過半の学生がいる。

他方に、少数だが、四年間でプロの知識力や技術力を身につけ、卒業後、各分野ですぐにも活躍しだす学生がいる。

さらに稀少だが、四年間、ないしは二年間で、指導教授の「専門」分野の一部を超える成果をおさめる学生がいる。

「人生は短く、芸術は長い。」という言葉がある。医者の始祖といわれるヒポクラテス（前460?～前395?）の言葉だ。真意は、「技術（アート〔医術〕）を究めるのには、あまりにも人生は短すぎる、もっともっと研鑽を積まなくてはならない」ということだ。

しかし高速で変化する高度知識技術社会にわたしたちは生きている。知識や技術はどんどん更新されてゆく。そのスピードは上がるばかりだ。昨日通用した知識や技術の多くが、今日はもはや通用しないというケースがある。それも数多い。

一つの技術を身につけ、それを徹底して磨いてゆく。これがかつてのプロ（職人）の典型だった。現在はほとんどの分野でそうはゆかなくなった。

知識や技術を磨きつつ、更新し、取り替え、つねに革新《イノベーション》を絶やさない。これが現在のプロやスペシャリストの普通型である。

どんどん学術（arts and sciences）が変化してゆく。その寿命は短い。しかし高齢社会になった。人生五十年が、百年をうかがうことができるようになった。一生のうち学び直し練り直す知識や技術がますます増えてゆく。「人生は長く、学術は短い。」

その対応でいえば、「四年は長く、学術は短い」といえる。

5　学生の大半は学ばない。そんな大学は不用か？

△大学に入ってバカになる

テレビが登場したとき、こんな番組を見ていると「一億総白痴」になるといった評論家がいた。マスコミの帝王といわれた大宅壮一である。

一九六一年、早稲田大学の文学部はすでに女子に占領され、花嫁学校化している、という事実を突きつけ、「女子大亡国論」をぶった教授がいた。暉峻康隆《てるおかやすたか》早稲田大学教授である。

現在、日本の大学進学率が六〇パーセントに接近し、数字の上では志望者全員の入学が可能になった。

「バカでも行ける大学。」

「バカでなくても、大学へ行けばただのバカになる。」

こういう論調も見え隠れする。

じゃあ、大学進学率が九〇パーセント近い韓国はどうなるのか？　アメリカも八〇パーセント（世界三位）超えだ。もっともアメリカの進学者の過半は、コミュニティカレッジ（地域住民なら無試験、低学費で入れる短期大学）で、教育内容は日本のカルチャースクール（文化教室）と大差ないといったところだ。

一九七〇年代、イギリスと日本の高等教育を比較し、日本のように猫も杓子も大学をめざすのではなく、イギリスのように実業専門コースに進むほうが教育効果が高く、産業発展にも資する、と主張した経済学者がいた。森嶋通夫ロンドン大学教授である。だが現在、イギリスの大学進学率はすでに六〇パーセントを超えている。この高さが、かつての停滞を脱したイギリスの新たな産業発展を可能にしたのではないのか？　わたしにはそう思える。

韓国はさておくとして、大学進学の高率化は、日本のモデルとなってきたアメリカやイギリスでも、「バカになるために大学に行く」という証拠になるのだろうか？　つまり高率化によって、大学の否定面がより拡大したといえるのだろうか？

ＴＶ一億総白痴や女子大生亡国論にいえたことが、大学進学率についてもいえる。ＴＶは人間を白痴にする要素をもつ。垂れ流しの映像をそのまま信じ、自分でものを考え、判断することができない人間を生みだす。また女がいい結婚相手を求めて大学に行く、という側面をもつ。（男だって、同じことがいえるのだが。）

だからＴＶをなくせ、女を大学から追い出せ、という主張にはならない。大学の進学率が過半を超えたという事実も同じことがいえる。

大学に入ってバカになる、という側面は認めよう。だから大学からバカを閉め出せ、というのか？　知識欲にあふれ、勉学熱心な学生以外は、大学からたたき出せ、というのか？　森嶋教授の意見を極端化するとこうなる。

△バカでもレポートは書ける

一九六〇年代のことだ。わたしは大阪にいた。一年に何度か、父から手紙が来た。文字は美しい。候文《そうろう》である。なんとも丁寧だが、とても日本語の文章とは思えなかった。地の文と範例文《テキスト》をまねた文とがまったくちぐはぐなのだ。

わたしの両親は商業学校や女学校を出ただけではなく、田舎ではいっぱしの物知りの部類に属していた。だが手紙を自在に書くことができなかった。レポートや論文を書けといわれたら、その困難から逃れるために、おそらく姿をくらましたに違いない。

対して、ほとんど全入に近い、受験勉強なしで入ってきたのがわが大学生である。レポートの課題を出すと、一応は調べて、書いてくる。ワープロで書かすと、楽々と日本語を書く。もっともそのほとんどが無内容なのだが。

アメリカでは多くの若者が大学に入ってはじめて「勉強」をするといわれる。小中高の教育が「崩壊」を来しているからだ。日本の小中高教育がそれほど立派なものとは思えないとはいえ、「崩壊」しているわけではない。大学がその上に存在する。

大学は高等教育機関といわれるが、日本もアメリカも過半の大学で「高等《ハイレベル》」な教育はできない。およそ八割程度の学生はほとんど自らの意志で学ぶスタイルをもつことなく、大学を出て行く。だが、大学にはさまざまな教育＝強制がある。その教育＝強制を経ないで一生を送るのと、強制をくぐり抜けて一生を送るのとでは、はっきり目に見えるほどの差が生まれる。

これを無駄だから排除せよというのか、無駄だが人生にとって有用なものだというのかで、評価は分かれる。わたしは後者を選ぶ。

△授業料は高いか、安いか

大学は教育サービスを売る。その対価が授業料他の納付金だ。初年度およそ一〇〇万円をかなり超える額になり、四年間で四〇〇万円ほどかかる。この金の大半は、親の懐から出る。その負担はたしかにきつい。アメリカのように、学生が自らローンを組んで、卒業後に自前で返却する、という行き方もあるが、日本ではまだまだ普及していない。

親が大学まで子どもに教育を授けるという形で投資をする。これがすみずみまでゆきとどいた国が日本である。投資に見合う「結果」が出るかどうかで、投資額が高いかどうかが判断される。大学教育への投資は高すぎるだろうか？

勉強が身につかない。四年間で、かえって遊び癖、生業なしのアルバイト癖がついた。そのため大学を出てもフリーター暮らしになる。このようにマイナス面を数え上げればきりがない。

しかし、金がもったいないから大学なんかに行く必要はない、という親はよほど変わっているかケチかのいずれかである。

子供が行きたいといえば、なんとか工面する。子供自身が親の懐具合を心配して、行かなくてもいい、といっても、ぜひとも行けという。新入生に、「なぜ大学へ来たの」と聞くと、かなりの返答が「親が行けというから」という理由なのだ。

四〇〇万円というとバカにならない。しかしこの納付金には、授業料という名にはなっているが、大学が提供する「授業」外のサービスも、もちろんはいっている。

いまや大学はちょっとしたデパートよりきれいである。わが大学内には原生林もある。野球グランド二面、サッカー場、体育館、トレーニングセンターという「体　育《フィジカル・カルチャー》」系の施設、マンガもそろっている冷暖房完備の図書館、パソコン・DVDモニターをはじめとする計算機や映写設備等々の「教養《カルチャー》」系施設、レストラン顔負けの食堂・喫茶店やデートコースにふさわしいロビーやギャラリーというような教養・遊興施設等々が無料で使い放題である。そうそう広い駐車場もある。

学割がある。卒業後も、大学施設に立ち入り、利用自由だ。卒業生という「恩典」（ときに汚点）も一生つく。

以上を承知の上で、納付金額が高いか、と聞かれると、単純明快に、高いということはできないだろう。高いと感じる人の過半は、大学に行かず、行っても勉強せず、施設を利用せず、卒業後も誇ることのできない大学へ進んだという、自らが招いた結果だろう。自己責任である。自業自得だ。

△十年たって、大学へ行っていてよかった、と思える

「知識」は無形だから、「ただ」だと思う人が多い。

「○×ってどんな意味？」と聞かれ、「事典を引いたら」と答えると、事典がないから聞くのだ、といわんばかりな顔をして、「ケチ」という。事典に金も出さず、ただで知識をえても当然と思う人には、教育投資の話は難しい。こういう人こそが珍無類のケチなのだ。「教えても減るわけではないのに」という。その通りだが、自分の庭に勝手に入り込まれたら、気分を害するだろう。抗議をするだろう。そんなとき「庭が減るわけでもあるまいし、ケチ」といわれたらどんな気がするだろうか。庭への投資と同じように、知識への投資には金がかかる。かかっているのだ。「ただだ」といわれれば、「そうじゃない」と断じたい。

大学に入った。高い授業料を払った。もとを取りもどしたい。こう思って、勉学に、大学施設の有効活用に励んだら、本人自身はもとより大学側にも大いに利するところがある。授業料分を取りもどしたい、という思想は、ケチではない。教育経済学の初歩である。ギブ・アンド・テイクなのだ。

しかし、のんべんだらりんと四年間を過ごし、「四〇〇万円もあればフェアレディXを買って乗り回すことができた」という心得違いの学生も、十年もたつと、忘れていた大学卒の「恩典」に気がつきはじめる。四〇〇万円じゃ買えない重みを実感することだってある。とくに外国に行くとその重みを感じる機会によくよくであうことだろう。

結婚して、子どもの大学進学が近づくと、「大学へ行け！　授業料のことなら心配ない。」などといっている自分に気づく。母親なら、「父さんのような無名大学でなく、もう少しまともな大学へ行ってほしい。」と、ついいってはならぬことを子どもに洩らしてしまうことがある。

しかしどんなに無名大学でも、行って出たのと、行かなかったのとでは多少にかかわらず異なる。

より重要なのは、単純明快なことで、どこに行こうとガンガン学ぶことだ。みんな遊んでいるから、というのは屁理屈だ。みんな遊んでいるのなら、自分だけは悠々と勉強してやろう、と思えるんじゃないの。

もっと面白いのは、新聞に母校の不祥事が載るケースだ。なにか自分も傷つけられたように思える。こんな記事をわざわざ母校を狙い撃ちするように載せやがって、と一瞬新聞社を呪い、購読をやめるケースだってある。母校愛だ。不思議でもなんでもない。人間愛の一種である。ようやく一人前の人間になった証拠じゃないか。

第二章　できる学生になるために

1　授業の種類に対応する

△授業の種類に応じて、配分単位数が異なる

大学の授業は、大別して五種類ある。その種類に応じて、授業方法も、配分単位数も異なる。もちろん準備や出席の仕方も違ってくる。

①講義（レクチャー　lecture）

文系ではもっとも一般的な授業方式である。主として講師（レクチャラー　lecturer）が学生に向かって話をする。講師はスピーカー（speaker）である。学生はレシーバー（receiver）、聞き役だ。一コマ、半期二単位、通年四単位が与えられる。

②実技（プラクティカル・トレーニング　practical training）

体育実技や外国語のような学生の「実践」を要求する授業である。通常、一コマ、半期一単位、通年二単位が配分される。実技（だけの）教師は、インストラクター（instructor）とよばれる場合がある。

③**実験（イクスペリメント　experiment）**

理系では、一般的な授業である。文系でも、フィールドワーク（field work）やラボラトリーワーク（laboratory work）のある授業がある。通常は、一コマ、半期二単位、通年四単位が配分される。ちなみに実験助手はラボラトリーアシスタント（laboratory assistant）とよばれる。

④**講読（reading）**

外書講読、古典講読、あるいは古文書《こもんじょ》講読のように、「読解」をもっぱらとする授業である。一コマ、半期二単位、通年四単位が配分される。教師はインストラクターではなく、レクチャラー、あるいはプロフェッサーである。

⑤**演習（ゼミナール　seminar）**

「〔大学で、講義・講読などと違って〕小課題について学生に自主的に調査・研究させて、その結果を発表させて、その学問の研究法を体得させる訓練」（『新明解国語辞典』）とある。

この通りで、ゼミナールの主役は学生なのだ。一コマ、半期一単位、通年二単位配分される。

ただし、これは通例（伝統）であって、一コマ、半期二単位、通年四単位で統一するというところが多くなってきた。

△大学の講義は講演会ではない

手ぶらで会社に行く人がいる。手ぶらで大学に来る学生がいる。むしろ多い。そういう学生に限って、「教師が授業で一方的に自分勝手に話している。スピーカーにすぎない。もっと学生の興味を引くようなやりかたや、対話形式を組み込んで欲しい」と不満をいう。チャーミングで刺激的な授業を、である。

他方、学生のほうはというと、まるで観衆なのだ。静かならいいが、私語をする。時間中の出入りが激しい。頬杖をつくのはまだいい。堂々と眠り出す。ときに大いびきをかく。しかし、講義は落語とは異なる。落語だってその背景がわからなければ、古いセリフに興味がなければ、てんでおもしろくない。そんな聴衆には、名人だってお手上げだ。

授業で興味をおぼえるためには、ある程度以上の準備が学生のほうにも必要だ。「馬の耳に念仏」、「蛙の面に小便」では、やりようがない、というのが正直なところで、最小限度の知識は必要なのだ。

教師と学生の対話、大いにけっこうだ。しかし、質問しても、ノーアンサーばかり。対話には、対話するだけの知識やトレーニングが必要である。それとも、学生が応答できる話題だけをテーマにせよ、とでもいうのだろうか。それじゃあ、大学の講義にはとてもならないだろう。

もっとも教師のほうの「無芸」を棚に上げてこれをいうのではない。教師も、落語家がトレーニングで獲得した話芸を参考にしたらいいだろう。しかし、それはあくまで「参考に」である。参考にすぎない。真似をするととんだことになる。

授業に対して、最低限度の知識や興味をもって臨んで欲しい。これが教師の切なる、偽りのない願いである。そのためには、最低限度、テキストあるいは教師の著作を読んできて欲しい。知識欲が格段に満たされる。

テキストは、学生が授業をよりよく理解するために「事前に読んでくる」ためのものである。わたしは、こう考えている。

ところがテキストを買わない学生がほとんどだ。買っても読まない学生が多い。買って、事前に読む学生は、かならず授業に出てきて、なにがしか質問をしたい顔で、授業に耳を傾けている。事前に情報が入っているからこそ、興味も湧くのだ。

もちろん、学生に高い本を買わせるだけの目的で、テキストを書く教師もいる。そういう本に限って、内容は陳腐で、しかも難解だ。こういうテキストは、論外である。

会社で働けば給料が当たる。学校で学べば、授業料が徴収される。ずいぶん違うではないか。「学生は料金を払った客だ。面白くない授業は、金を返せ。」こういうかもしれない。しかし、考え違いしてはならない。いずれ働きに応じた給料をもらうために、授業料を払って学ぶのである。学ばずにすぎると、就職が難しい。就職できても、仕事ができない。バツ！　こういう結果になる。

テキストくらいは読んで欲しい。こういった。しかし、そんなことは最低限度のことである。教師の書いた著書や論文を事前に読んでおく。これくらいのことは心がけて欲しい。授業がわかると、興味が湧く。興味が湧くと、授業がいっそうおもしろくなる。これが通則なのだ。

△外国語や外書講読は進んで取ろう

国際化の時代だ。外国語の壁が日本人の国際的活躍を阻んでいる。それなのに、外国語がつぎつぎと「必修」からはずれている。外国語、とりわけ読解中心の授業を選択することが忌避されている。かわって、会話主体の授業が中心になっている。

会話は、語学専門学校でも修得可能である。しかし、読解はそうはゆかない。ただ母国語をしゃべることができるに過ぎない外人教師にはとてもムリだ。きちんと語学の研鑽を積み、専門とともに専門を超えた人間と社会についての広く深い知見に長じた教師でないと、読解の授業をすることは難しいからだ。

語学を、特にその入口を切り抜け、読解力を身につけるのは、自力では難しい。授業等による強制が必要になる理由だ。

読解中心の授業に、予習は欠かせない。外書講読は、学生があらかじめ一字一句に至るまで辞書で調べるような仕方で予習をしてこなければ、授業にならない。教師の独演となる。

予習が必要で、強制される。実に厄介で時間を食う。だから、語学や外書講読は敬遠される。しかし、外国語を読み、少しは書けるようにならなければ、グローバルスタンダードの時代である、外国人と互角に渡り合えない。学校で予習を強制されるからこそ、否も応もなく一定程度習熟するのだ。だからこそわたしは進んで外国語を選択し、外書講読に積極的に参加しよう、といいたい。

学校とは、何度もいうことになるが、どんなに嫌でも、学ぶことを強制するところである。強制によって、一定の知的・技術的水準を獲得させようとするところだ。それが学校の学校たるゆえんである。

自学自習できる人には、教師は必要だが、学校はかならずしも必要ではない。こういってもいいだろう。しかし、自学の人は稀である。百人に一人いるかどうかだろう。たいていの人は、否も応もなく強制されて、はじめて自学自習する力を身につけるのだ。

また外国語の読解トレーニングは、後に述べるように、大学院進学の場合に役に立つ。会話は何とか必要に迫られれば、身につけることができる。当の国に行けばたいていはOKだ。しかし、外国語の読み書き能力（リタラシイ literacy）は、当の外国人にさえ容易ではない。かなり長いきっちりしたトレーニングを積まなくてはならない。大学で外国語を磨く重要性を、強く訴えておきたい。

△国史や国文、あるいは理系に入った。外国語は不用だ、か？

国文に進む。外国語は必要ではない。こういう人がいる。あるいは、外国語が苦手だから、国文や国史を選択しよう。こう考えている人がいるかもしれない。しかし、それは考え違いなのだ。

外国語を学ぶということは、外国語が上達することだけを意味しない。もっと重要なのは、日本語が上達するのである。外国語と日本語をつねに対比して考えることで、日本語がもつ独特の意味やニュアンスまで知ることができる。言語の問題にかぎらない。

日本の文化は、はじめ、漢文を日本文に置き換えることによって形成された。漢文（白文）を読み下し文にする、ということだ。それは、漢文を日本語文法で理解しようという試みなのだ。こういうやりかたで、日本人はチャイナ文化を真似び、学び、日本独特のものに移し替えたのである。

これは、英語やドイツ語等の外国語がいっせいにはいってきた幕末以降も、まったく同じであった。英語を日本文法で摑まえ直す。それが「読解」なのだ。

これをもって、日本の文化のとりわけ学問の外国崇拝、外国拝跪とよぶ人がいる。たしかに、チャイナや西欧のものだから、価値ある、という人はいる。しかし、欧米のものを学んだら、横のものを縦にしたら、外国かぶれになる、というのは、全くの誤解であるか、虚言である。

むしろ、逆ではないだろうか。外国に行って、はじめて日本のよさ、優れた点がわかる。これが普通だろう。同じように、外国のものを知ることで、日本のこともよりよく知ることができる。外国を学ぶことで、日本をよりよく学ぶのだ。

大学で外国の知識や歴史を学ぶのは、外国通になるため（だけ）ではない。めぐりめぐって、日本の知識や歴史を学ぶためである。こうわたしは強調したい。

同じことは、理系についてもいえる。外国語を多少とも読み書きできないと、インターネット等で発信されてくる最新情報を、現在将来とも必要な知識や技術の収集を得ることができない。外国語を読解できないことが、技術者あるいは研究者になろうとする人にとっては、致命傷になりかねない。こういって間違いない。

2　講義ノートをうまく取る

△ノートを取ろう。しかし、取りすぎるな

ノートも筆記道具も、辞書の一冊ももってこない学生がいる。決して少なくない。

赤鉛筆をもって本を読むのと、そうでないのとでは、読む精度がまるで違う。能動的に書物に向かっているその心の向き具合が、赤鉛筆に象徴されているのだ。特に線を引かなくともいい。何か重要な箇所に出会ったら、マークしようと集中している。それが手にもつ赤鉛筆に現れるのだ。

講義で、筆記道具を持ち、メモしてゆく、あるいは重要ポイントをマークしてゆくのは、授業に対する能動的な精神の向きと同じことなのだ。

講義の時は、毎回、レジュメ（摘要）が渡される。ワープロで書き、印刷が簡単になったから、じつに便利だ。これが普通になった。学生は、講義のポイントをそのレジュメにつけ足してゆくだけでいい。

ところが、教師の話を隅から隅まで筆記しようとする学生がいる。やりすぎである。話が耳から頭に伝わってゆかない。書くのに忙しくて、内容が、鉛筆の先で止まってしまっ

ている。

反対に、まったく筆記用具ももたず、ノートを取らない学生がいる。過半ではないだろうか。こういう学生が講義に、教師の話に集中しているかというと、ほとんどはそうではない。

講義に集中している人は、必要不可分なことを、簡単にメモしてゆく。レジュメがある場合は、それに要点あるいはキイワードを付け加えてゆくだけだ。

ノートは、心覚え、注記である。後で内容を思い起こすためのものである。メモ（memo〈memorandum〉短い手控え）である。書きすぎると、むしろ再び読んで参照するのが面倒くさい。二度と開くことなく、忘れられてゆく。メモの値打ちがなくなる。

△講義ノートが貴重な時代があった

まだ教科書《テキスト》がない時代、書物が貴重な時代があった。知識は、大学や専門学校の授業に直接出席しなければ、えることができなかった。

授業にでることのできない、特に地方の、知識欲に燃えた青少年のために、講義の口述筆記をもとに『講義録（ノート）』が出版された。早稲田大学出版部のように、その講義録を専門に出版する会社さえあった。明治大正昭和にかけ、日本の知的底辺を支えた一つが、その講義録であった、といってもいいだろう。

一九六〇年代、大学の教師たちのなかには、自分の講義ノートを頭から読んでゆく、という豪傑がまだいた。わたしなども、ホッブズの哲学やプラトンの法律学、アウグスティヌスの人生にかんする講義を、一枚一枚ノートを読み上げてゆく教師の声に促されるように、聞いた。逐一写していった。

教師によっては、まず、「書き取り！」といって原稿用紙で二枚（８００字）ほどを読み上げる。「書き取りやめ！」で、やおら読み上げた分を詳しく解説する。その繰りかえしで講義をしてゆく人もいた。

ノートを取る行為は、講義に限らず、それ自体で脳を刺激する。強く心に刻印する力がある。「書く」ことは「憶える」ことだ。こう、いうこともできる。

しかし、ノートを読むだけの授業なら、その読むところを出版してくれれば、テキストの形にしてくれれば、必要なときに読んで再確認できる。どんなにいいだろう。時間の節約にもなる。何度もそう思えた。

また「書き取り」と解説だけの授業は、どんなに内容が優れていても、やはり異常に思えた。著書の形にしてくれれば、買って、読んで、それですむはずのものだからだ。

実際、ノートを読むだけの講義も、書き取りをさせる講義も、その内容がずいぶん後になって著書という形で出版された。そのときは、残念ながら、買って読む熱意はすでに失せてしまっている。

おそらく、内容を書き取らせ、それを解説するという形の授業をやれば、ずいぶん授業が容易だろう、と思える。一時間の伝達内容もほんのわずかですむに違いない。むかしの教師は楽だったのだ。

しかし、現在、コピーや出版が非常に簡単になった。テキストを書いて、事前に学生に読ませ、さらにテキストでは展開しにくい事例や未来予測について語ると、どれほど授業にふくらみがますだろう。そう考えて、

①テキストを書いて、出版する。

②毎時間、レジュメ（A4　1枚）を渡す。

③テキストを背景に、レジュメをベースにして、実際の授業を展開する。学生は、そのレジュメにメモを加える。

この①教科書、②レジュメ、③メモの三体が一つになって、講義の内容はより豊かになることができる。わたしはそう考え、二十五年近く、実践した。

学生のメモ＝ノートは、講義に実も花も添える「仕上げ」なのだ。疎かにしてはいけない。そう思える。

△独立のノートをもとう

独立したノートをもちなさい。わたしはこういいたい。一つづりのノート（帳面）でもいいし、ルーズリーフ形式（loose-leaf notebook　加除式帳簿）のものでもいい。

演習、語学、外書講読には、絶対ノートが必要だ。記す項目はそんなに多くなくてもいい。

①講義題目、日付。
②重要な論点は、項目とキーワード、キーフレーズ。
③人名や年代。メモしておいて、後で確認する。
④参考文献や資料。
全部、記しておかなければ、不確かなままで、すぐに忘れるものばかりだ。後で調べよ

うがない。

　では、なぜ演習等にノートが必要なのか?

　一。ノートと筆記用具をもって講義や演習に臨むのは、学ぼうとする学生の最低限の礼儀(＝準備)なのである。手ぶらで来るのは、「観客」であって、学ぶもの＝参加者ではない。こういう学生は、教師に失礼というよりは、自分に失礼なのだ。

　二。ノートは教師のいったことをメモするだけのものではない。学生の予習のためのものである。外書講読で、未知の単語や出てくる人名を調べていなければ、「講読」にならないだろう。「観客」でいる他ないだろう。

　講読とは、リーディング(reading)であり、トランスレーション(translation　翻訳)であり、アンダスタンディング(understanding　理解)である。「読解」なのだ。

　もっとも、パソコンの時代である。パソコンをノート代わりにすることができる。わたしは、講義を聴くときパソコンを開くことがある。その一台のなかに、文献、資料、辞典類が入っている。まさに歩く百科事典なのだ。

　しかもパソコンにメモした情報は、蓄積できるだけでなく、自分なりのコメント(論評)を加えて、広く利用可能な情報や知識に組み替えることが容易にできる。

3　ゼミ・演習は大学の命

△ゼミナールとは？

ゼミナールを事典で引いてみよう。平凡社の世界大百科事典（デジタル版）による。「大学などで教師の指導のもとに少数の学生がみずからの発表や討論により主体的に学習を進める形の授業、またその教授方式。大学における教育形態として重要な位置を占め、教師が一方的に研究成果を教授する講義形式と対照をなす。ラテン語の seminarium（〈苗床〉の意）を語源とし、英語ではセミナー、日本語では演習と訳される。ヨーロッパですでに16世紀に、僧職者の養成などでこの種の教育が始められたといわれるが、大学の教育法としては、ドイツの言語学者ゲスナー Johann Gesner がゲッティンゲン大学で創始したとされる。日本には、1910年から東京帝国大学で経済学を講じたウェンティヒ Heinrich Waentig によって、導入されたとされている。今日では大学の枠をこえ、統一的なテーマをかかげ複数の講師が、それぞれ講演を行う形の勉強会が、広くこの名で呼ばれている。マス・メディアや各種団体などの手で、一般市民を対象とする公開ゼミナール（またはセミナー）や、ビジネスマンなど対象者をしぼった各種のゼミナール（セミナー）

が、多数開かれる状況となっている。またテレビの教養番組や専門雑誌、個別記事のタイトルにも、好んで用いられる傾向がある。」（広瀬英彦）

重要なのは最初の二行である。つまりは、「半」独習、「半」自習の時間なのだ。教師はコンダクター（conductor　指揮者）で、自分では演奏しない。

もっとも、三行目からも、決して見逃すわけにはいかない。ただし別なことをいう。ソクラテスも孔子も英哲の人だった。しかし、二人とも「職業」は教師で、その授業は演芸会形式であった。学生が意見発表し、それについて学生間で甲論乙駁（arguments pro and con）があり、最後に、学生が教師に意見を求める。これこそはまさにゼミナールではないか。

学問は、東は孔子、西はソクラテスからはじまった、と見ていいだろう。それがゼミだった。ゼミは、学問の歴史とともに古い。そして今日に続いている。まずこれを記憶にとどめよう。

△ゼミにおける教師と生徒の関係は「徒弟制度」が基本であった

大学には、一九六〇年代まで、はっきりした形で、講座制という形の徒弟制度があった。

講座は教授・准教授・助教・学生からなり、そのあいだに超えることのできない「階層」があった。

教授の権限は絶対である。わたしの属する哲学科では、教授が意に添わない准教授をほぼ一方的に辞めさせることができた。

ゼミで、「明日から君は出てこなくともいい」と主任教授にいわれたら、ゼミ（必修）の単位はもらえない。したがって卒業できないのだ。教授の横暴であるが、それがまかり通った。

しかし、教授は、自分の講座の学生を、学部であるいは修士でやめる学生は別として、徹底的に扱《しご》いた。わたしが専門学部に進んだ最初のゼミで渡されたのは、スピノザの『エチカ』で、ラテン語で仏訳がついていた。次の週から、いきなりそれをテキストに講読がはじまる。否も応もなかった。ゼミをさぼることはできたが、それが縁の切れ目で、教授から見放された。

ゼミナールというものは、孔子以来、このようなものであった。

しかし、現在、ゼミという形は残っているが、このような徒弟制度は姿を消した。

同時に、ゼミを自由にさぼる。出席しても、ノートももってこない。ひどいのになると、テキストも買わない。もちろん質問をしても、「黙秘権」があるといわんばかりに、黙るだけ。張り切るのはコンパのときだけ。こういう学生＝観客が出現しだした。

それでも、少人数制のゼミである。かならず学生に担当の順番が回ってくる。課題も、学生の興味にあわせることもできる。教師とフェース・ツー・フェースで議論可能だ。それに、就職をはじめとする相談も持ち込める。

つまり教師と学生の関係が、学問においても、人間関係においても、濃密になる。こういう関係は、一生の間でも、二度とえることのできない性質のもので、貴重だ。

△大学で見いだす最大のものは「教師」だ

大学で様々なものにであう。

①高校までのものと異なる内容の授業に出会う。

②さまざまな望みを抱いた、出身地も異なる友人に出会う。

③高校までは味わうことのできなかったアルバイトにも出会うことができる。

④旅行、⑤スポーツ、⑥留学を選べるし、⑦歓楽街にだって自由に出入りすることができる。

⑧大学の施設、とりわけ図書館にある膨大な文献とも出会える。その他その他、新規なものに出会うことができる。

⑨しかし大学以外では容易に出会うことができないものがある。「教師」だ。

この教師は、一見、オジンであり、オバンである。しかも、通常のオジン、オバンより近づきにくい。気前のいい教師は稀だ。

しかし教師には、最低十年以上、研究生活を積んでいる、その専門分野では正真正銘のプロが多少ともいるのだ。そういうプロを見いだし、そのゼミに参加し、学問ばかりでなく、その研究スタイル、ものの考え方等を見習う機会を得ようではないか。時にはゼミコンパで人生論を戦わせようではないか。

「大学」にはさまざまなものがある。しかし、それがなければ大学は成り立たない不可欠な要素（本質）とは、教師と学生、この二つ、その教師と学生だけで成り立っている大学のもっともシンプルな形が、ゼミナールなのだ。

残念ながら、ゼミが必修でない大学、学部、学科が増えている。たとえゼミを取らなくとも卒業できるケースでも、ゼミを通過しない大学生活とは、本質を欠落した学生生活である。こう断言してもいい。

ゼミを取るだけでなく、積極的に参加する。ゼミでは、学生が主役になる。その主役を存分に演じきってみようではないか。演じるための準備・トレーニングをがんがん積んでみよう。そうすれば、あなたは、ほぼ自力で専門家になる入り口くらいまでは達することができる（かもしれない）のだ。

繰り返すまでもなく、ゼミは参加するものである。「参加」とは「観客」になることではない。「参加する」はテイク・パート・イン（take part in）で、特定の部署（パート）を受け持つことである。もしゼミ生が一人の場合は、一人でゼミを背負うことになる。

わたしは学生時代ほぼ四年間（学部二年と大学院修士コース二年）、一人だけ（出席）のゼミを経験した。教授・准教授・助教に対するに学生一人だ。毎回、肝の縮む思いをした。冷や汗百斗の連続である。もう一度経験せよ、といわれたら、躊躇してしまうだろう。しかし、そんなゼミが、いまは貴重に思える。

なお、大学院になると、授業はゼミ中心になる。ゼミの経験なしに大学院に進学すると、思いも寄らぬ困難を背負い込むことになるだろう。

4　資料調査の方法

△資料調査なしに学問はない

「ＰＫＯとは何か？」ゼミでこの課題に取り組む。

①ＰＫＯを知りたければ、まず外来語辞典か略語辞典、百科事典で調べる。（インターネットの検索エンジンで簡単にすましてもいいが。）

外来語辞典に、「peacekeeping operations of the UN 国連の平和維持活動。監視団や小部隊を紛争地に派遣して事態の悪化を防止する活動」とある。

②つぎに、ＰＫＯの「文献」を図書館かインターネットで調べる。（わたしのいた大学の）図書館には、なぜか見あたらない。オーッ。アマゾン（Amason.co.jp）で五五冊出てきた。この中からあたりをつける。

③書店に行って、ＰＫＯに関連する書棚をのぞく。数冊買って来て読む。

④レジュメにまとめて、ゼミで「ＰＫＯにかんする諸問題」を発表する。

⑤教師から、小室直樹の著書があると知らされ、借りて読む。おもしろいので、自分用に一冊注文する。

⑥ゼミでの報告を再点検して、いちおうの「結論」をえる。

①〜⑥まで、一連の勉強は、その大部分が資料・文献・情報の調査である。大学での学問は、教師であろうと、学生であろうと、資料等の調査なしには成り立たない。そう思って欲しい。

調査方法にはいくつかある。代表的なのを紹介しよう。

△聞き取り(hearing)

既知のテーマであれ、まったく未知のテーマであれ、学ぶ最初のとっかかりは、たいていの場合、ヒヤリングである。文献を集める、実験に臨む、フィールド・ワークにおもむく、いずれの場合も、「耳学問」から入る。見よう見まねだ。

「最近の学生はまったく勉強をしない」といわれる。そのまったく勉強しない学生でも、講義に出たり演習に参加していれば、主として教師から、従として仲間の学生から、意識するしないにかかわらず、知識や技術を「耳学問」(to pick up) している。

大学に図書館があれば、シーム・ペーパー (theme paper レポート) を書くための文献調べの方法を耳学問することができる。

もちろん、本格的なヒアリングがある。この場合、注意すべき大事な点がある。①②はワンセットである。

①専門分野の人に聞く場合、アポイントメントを取るのは当然としても、まったく事前調査のないまま赴かない。失礼である。他人の家に赴いて、「あなた誰、何する人」と聞くのと同じことだ。

何ごとかを聞く（質問する）場合、質問相手に関して、さらに、質問事項に関して、あるていどの前提知識がなければ、大したことを聞き取ることはできない。

ヒアリングで収穫がなかったとき、それは相手のせいであるよりは、当人の能力不足というより準備不足のためである、という場合がほとんどなのだ。

②事前でも、事後でもいいから、有意義な情報を得た場合は、お礼だけでなく、それなりの謝礼をする。

情報はただではない。情報通の人は、情報をつねに発している人のことだ。情報は、渡さないと、やってこない、ギブ・アンド・テイクの関係にある。情報を一方的にえる場合には、対価を払って当然だ。もし「ただ聞き」をした場合、二度、三度と聞きにいくことは適わなくなる、と考えたらいい。

以上の点、特に学生は「知識や情報はただ」と思いこんでいるから、要注意である。ただし最近、ラジオ、TV、新聞のディレクターや記者、レポーターが、前準備なく、しかも「ただ」で情報をえようとして、聞いて（答えるのが）当たり前という態度に終始するケースが増えてきた。

情報社会だ。情報産業だろう。情報を売り買いする大本がこういうのでは、まったく困る。大学だって情報産業の一端を担っているのだ。「情報がタダ」というのでは困る。

△文献

文献をどう集めるか、は大した問題ではない。テーマに関する必読文献は、知識が深まってゆくにしたがって、おのずとわかってくる。問題は、精神的なケチか、そうでないかの問題だ。実例を示そう。

一。司馬遼太郎は、『竜馬がゆく』を書くために、全国の古書店から竜馬関係の文献を総ざらいしたといわれている。自宅に到着したトラック一杯分の文献資料を片っ端から手にとって、これは必要、これは不必要と選り分ける。不要の文献は、ふたたびトラックで、しかるべき古書店の手に渡ったそうだ。

司馬式でゆくと、古書の購入費はばく大な額になる。しかも、買値の半額以下で、大部分はすぐに売却される。しかし、このやり方が、最も迅速で、効果的な文献収集方法なのだ。

こんな荒技は学生には無縁である。しかし、精神だけは学びたい。

手始めに、書店の棚にならんだ関連文献を手に取り、これは、と思えるものを一〇冊ぐらい購入する。これなら誰にでもできる。その中から、一、二冊、利用可能な文献が現れたら、しめたものだ。

二。『学者商売』（中央公論社　1960）というユニークな本を書いたロシア経済学の野々村一雄氏がいた。（池波正太郎の『剣客商売』よりずっと古い。）

外国の文献を集める場合、まず日本で書かれた水準の高い関連の文献を参照することからはじめるべきだ。いい水準をいく自国文献は、いい外国文献を参照しているからだ。こういう。卓見だ。

三。文献とは、読み、参照するためのものだ。必須な文献は可能な限り買う習慣を身につけよう。

借りものには、線は引けない。付箋を貼ることも躊躇する。何よりも、再必要なとき、手元にないから、再参照できない。だから、借りたものを利用する場合、必要箇所をコピーして、保存しなければならない。これが面倒だ。

必須な文献が自分のものなら、資料として存分につかえる。再、再々使用も可能だ。

四。必要文献で、手元にないものは、買うか、借りるか、コピーサービスを受ける。大学や公立図書館では、文献検索のインターネットサービスをしている。貴重で高価で入手困難な本は、図書館等で寸借するしかない。

五。その上でいえば、必要な文献は「ぺーパー」を書き終わり、課題を終えてから（も）、集まってくる。もう必要ないからと収集をやめないで、必要最小限（わたしの場合は、可能な限り）のものは集めることを勧めたい。再利用するチャンスのあるなしにかかわらず、知や技を更新するために必要になるときがある（と思ってだ）。

△実験

実験室（laboratory　研究室）で、実験（experiment）によって資料や情報を収集をする。文系でも理系でも、本質的には同じだ。

たとえば、大学の研究室でおこなわれるゼミナールは、わたしにとって研究資料をうるための立派な実験場であった。正確にいえば、研究室で演じられるさまざまな知的・人間的ドラマは、わたしの知的能力の開発（あるいは阻止）の場であった。簡単にいえば、教授の著書、講義や演習で用いる著作、教授との議論ばかりでなく、教授という人の勉強法、発想法、それに人柄までが、興味と研究の対象であった。

ずっと後のことになるが、「研究室」を「実験室」とみなす視点から、大学教授の「生態」（the mode of life）を論じたわたしの『大学教授になる方法』（1991）が生まれた。「実験室」で実験的論究方法でえられる資料は、考えられているより多い。貴重なものが多い。

たとえば、敗戦後、大陸（内モンゴル）で動物観察をする生のフィールドワークを失った梅棹忠夫は、水槽という実験室で、オタマジャクシの行動を観察し、その群の構造を数理的に表現する方法を案出した。梅棹がいうところの数理生態学の研究だ。梅棹は、この研究ペーパーを博士論文にした。ただし、この成果は、生態学のフィールドワークとなんの関連もないまま終わったそうだ。（詳しくは、『梅棹忠夫著作集』中央公論社　第3巻を参照されたい。）

京大のサル学は、フィールドワークで、動物社会学だ。これに対して、阪大のサル学は、実験室を主体とした、行動心理学の分野である。ここも、実験室で実験的論究方法によるデータ収集である。この場合、「実験」は自然科学系の「実験」とほぼ同義に用いられる。

学生の読書傾向調査とか、消費者の購買意識調査、選挙民の投票動向調査は、フィールドワークというよりは、実験である、と考えたほうがいい。実験（調査）のためのフォーマット（質問条項）が、事前に決まっており、実験室（密室）状態が前提されているからだ。

△フィールドワーク

フィールドワークとは、研究室や実験室を出て、研究対象になっている地域や社会へ研究者自身がおもむいて、実地調査をおこなうことである。したがって、フィールドワークによる資料収集の領域は、非常に広い。

文化人類学の山口昌男が、実地に、あるいは古書目録を通して、ブックハンチング（書物狩り）するさまを実見すると、これはもう立派なフィールドワークだ、と思わざるをえない。書物の渉猟《しょうりょう》自体が、一個の文化的活動、探求になっているからだ。

フィールドワークという視点から、書物探検、人間探検、日本探検、世界探検を意識的・系統的に追求したのは、文化人類学の梅棹忠夫である。いうところの「学術探検」である。

「なにもしらないことはいいことだ。自分の足であるき、自分の目でみて、その経験から、自由にかんがえを発展させることができるからだ。知識は、あるきながらえられる。あるきながら本をよみ、よみながらかんがえ、かんがえながらあるく。これは、いちばんよい勉強の方法だと、わたしはかんがえている。」（梅棹忠夫『日本探検』中央公論社。著作集第7巻）

どうです。ちょっとした工夫次第で、どこでも、一人でも、観察し、考え、まとめ、一つの結論（解決）を導き出すことができるということがおわかりになりましたか。

5 レジュメを作成し発表するコツ

△レジュメはコンテンツである

学生に「レジュメを書いてきて、コピー・配布し、発表しなさい」というと、一週間で、何とか四〇〇字程度のレジュメ（要約）を造ってきて、読み上げる。発表時間、わずか一分である。

ゼミの担当者は、毎週二人だから、どんなに議論をつくしても、大幅に時間が余る。

レジュメは、辞書ではたんに「梗概。大意。摘要。要約」（『広辞苑』）とある。学生のやりかたは間違いではない。しかし、そういっていいのか？

レジュメは要約である。だがアブストラクト（abstract　摘要、抜粋）の類ではない。学生がやってきたのはアブストラクトである。

レジュメは、「全体像」と「内部構造」を同時に明示するものでなくてはならない。もちろん、一見して、その二つが分かる、というほどに簡明でなければならない。したがって、レジュメを書けるようになるというのは、ちょっとした才能なのだ。

レジュメとは、一言でいえば、コンテンツ（contents　中身、内容。特に本の内容、目次）である。一冊の本の中味＝全体像と内部構成（構造）は、おおよそ、目次を見れば分かる。

その目次である。

《目次は、キーワードとキーフレーズでできている。》これを強く心にとどめよう。

たとえば「人間とは何か？」

1　人間は自然である
1・1　人間は無機物だ
1・2　人間は有機物だ
1・3　人間は動物だ
2　人間は自然ではない
2・1　自然とアート
2・2　生産と労働
2・3　観念
3　人間は「壊れた自然」である
3・1　言葉は創造者だ

3・2　言葉が欲望を生む
3・3　言葉が過剰な欲望にブレーキをかける
①まず、1→2→3
②つぎに、1・1→1・2→1・3、2・1→2・2→2・3、3・1→3・2→3・3と進んでゆく。
③さらに詳しく展開しようと思えば、1・1・1→1・1・2、……というように分割してゆく。

この分割法は、全体像を失わずに、内部構造の精度・密度を増してゆく、という長所を有している。是非、勧めたい。

わたしは以上の目次のつくりかたに現れた分割法を、「思考の三分法」とよぶが、特殊なものではなく、人間がよく考え、勉強しようとするなら、ソクラテス以来普通に使われてきたやり方だ。

△資料を整理する

しかし、レジュメ＝コンテンツを作成するためには、読んだ・参照した資料を整理しなければならない。

資料を集めたなら、正確には、集めながら、どう整理、処理してゆけばいいか。いい資料、いいネタが集まれば、いいレジュメができる。いい発表が可能だ。そう思って間違いない。
①資料を読む。重要と思える箇所には、線を引いたり、付箋をつけよう。一通り読むと、重要な資料と、そうでないものとがおおよそ選別される。
②重要な資料を精査し、キイポイントとなりそうな箇所を選別しよう。これには別の色の付箋をつける。①②いずれも、ノートしない。現物で押さえるだけにする。
③メモをカードに取るなどはとくにしない。せいぜい、A４一枚に、必要と思える箇所をメモしてゆく。
④A４一枚にメモした箇所と、それに関連したキイフレーズ、キイワードを、パソコンに打ち込みながら整理する。可能なかぎり量は少ないほうがいい。せいぜいA４一枚が限度。
これで資料整理の第一段階が終わる。
ただし、パソコンを使う能力が上がってからは、③を省略して、ただちに④にゆく場合が増える。

そして、もちろん、①〜④は順序通りである必要はない。人間の頭脳は、ときに交差し、ショート（短絡）する。その飛躍と転換の活動が、ヒント（てがかり）の源なのだ。

△発表に、口頭と論文形式がある。いずれもレジュメがもとになる

プレゼンテーション（presentation）、短縮してプレゼンという言葉をよく聞く。「提示・説明。自分の考えを、他者の理解しやすいように、目に見える形で示すこと、特に広告代理業が広告主に対して行う広告計画の提示や説明活動などについていう」と外来語辞典にある。特別のことではない。「発表」のことで、授業であろうが、学会であろうが、ビジネスであろうが、やりかたは同じだ。

プレゼンに、口頭がある。レジュメをもとにやればいい。

①課題（テーマ）と全体の柱をまず述べる。全体像、主張＝結論の提示だ。

②レジュメの順番通りに進んでゆけばいい。レジュメが簡単なシナリオ（脚本）でもあるのだ。

③もちろん、キイワードやキイフレーズを述べるだけではダメで、それに肉付けをして、

具体化してゆく。事例を入れ、数字や図表で補強してゆくのも手だ。

プレゼンに論文がある。レジュメ（目次）があって、アブストラクト（要約）があって、本文がある。これがそろうと読む人に便利だ。

論文は短く、簡明、これがコツ。論文も、目次通りに進行すればいい。最初に長さと、締め切り（何月何日まで仕上げる）を決める。これが重要。長さや書き上げる時期は、最初に決めないと、論文はできあがらない。こう思って欲しい。
①序の部分は最後に書く。
②最低限度資料が集まり、目次ができたら、書き始める。目次も内容も、途中で変わってもかまわない。
③最初が難しい。三分の一まで、なかなか進まない。行きつ戻りつが常だ。ここまでで制限時間の過半をすぎている。すこしもかまわない。
④半分まで来れば八割方書き上げたも同然。しかし、気を緩めず、ペースをあげる。
⑤最後まで書いたら、その高揚した気分で、序の部分を書く。
以上はたんなる骨組みだけ（までもいっていない）。詳しくは拙著『入門・論文の書き方』（ＰＨＰ新書　＊改訂新版『どんな論文でも書けてしまう技術』言視舎を参照されたい。）

これはいい本だ、と納得できる本にであえるのは、乱読、雑読、積ん読等々、一にも二にも、いろいろな本に当たった結果である、といわなければならない。

その通りなのだが、本とそれを書いた著者には、実績というものがある。知的プロになろうという人が、専門書や教養書を問わず、これはぜひ読む必要があると思える本には、共通の特長がある。

△学問が好きで好きでたまらない人の本

なにごとによらず、「好きこそものの上手なれ」だ。学問も同じで、「好きでこそ学問」なのだ。

ところが大学の教師には学問が好きで好きでたまらないという人が、意外と少ない。大学教授が書いた本が総じて面白くなく、ためにならないケースが多い理由でもある。

したがって、まず薦めしたいのが、学問が好きで好きでたまらない人が書いた本である。

たとえば、朝起きたらまず机に向かっている、「なにはなくてもまず勉強」という人の本だ。

次に、もちろん本を読むのが、好きで好きでたまらない、という人だ。読書好き、これが学問好きの共通の特長だ。本を読まない人は、学問好きではない、と思ってもいいだろう。耳学問、目学問、体験派の人が書いた本は、ちょっと見にはハッとさせられるところがあっても、底が浅いという場合が多い。他人からの拝借物で、その場かぎりのものということだ。

それに、学問が好きな人は、年齢が上がるほど、いい研究をし、ほれぼれするようなものを書いている。若いときはっとするようなものを一、二冊書いて、それで終わり、というような尻切れトンボの人ではない。

学問好き、読書好きの人は、総じて、「生涯現役」である。人には寿命があり、突然の事故があるが、短命であるか長命であるかにかかわらず、死ぬまで学問を続けるものだ。

△書くことが好きな人の本

では、学問好き、読書好きの人が書いた本ならいいか、というと、ことはそう簡単ではない。

というのも、本とは「書かれたもの」で、「内容がいいなら、書きっぷりはどうでもいい」では、読まされるほうはたまったものではないからだ。「リーダブル」(readable)という言葉がある。「読みやすい」ということだが、読者が、読んで、理解でき、納得できる表現力をもっているということだ。

この意味では、哲学、政治学等のジャンルにかかわらず、学術書といわれているものも、文学＝言葉で表された芸術(art＝技術)なのだ。表現力がともなっていなければ、どんなに重要なことが詰めこまれていても、欠陥品といっていいだろう。

たとえば、日本国憲法や保険の契約書のような文を読まされ続けたら、どんな人でも読書嫌い、学問嫌いになってしまうのではないだろうか?

よく、ちまちましたものは書かない、「生涯一冊」＝ライフワークに賭ける、という人がいる。たいていは、書かない、実は、「いつまでたっても書けない」ことのいいわけにすぎないのだ。本当のところ、書くのが好きではないという証拠といっていいだろう。

もっとも、生涯、一冊の著書をもたなかった人でも、学術的に大きな影響を与えた人は、いる。たとえば、「言葉」とはなにかを究明しようとした構造主義言語学のソシュール(スイス　1857〜1913)だ。こういう人は、例外中の例外だと思っていい。それに、もしソシュールの講義を聴いたほんの一握りの「学生」たちが、講義録（『一般言語学講義』）を編集し、出版しなかったなら、ソシュールの学問は残らず、多くの人が読んで研究の対象にすることもなかっただろう。

△まとまった著作のある人の本

専門書とは、たんに読んで、おもしろかった、つまらなかった、という類のものにとどまる性質のものではない。「研究の対象」になる本のことだ。専門に進もうという人が手に取るべき本も、基本的には、研究＝探求と考察の対象になるべき本のことで、専門書にちがいない。

これはと思える本にであったら、その著者の本を可能なかぎり買い求め、どんどん読んでゆき、ぐんぐん理解を深めてゆくことを勧めたい。一人の著者を極める、これは専門を学ぼうとするものにとって必須の条件ではないだろうか。そういう人の本が手許にあるということは、何を考える場合にも、すぐに参照できる人、アドバイスを仰ぐ人が手近にいるということを意味するのだ。

専門、非専門を問わず、まとまった著作のない人は、ちょっと頼りない、というのがわたしの意見だ。もちろん、多産であるからといって、その学問が高い水準にある、読むに価する、ということを保証するものではない。世の中には、学術的な体裁を凝らして、真っ赤な偽書をたくさん残す人もいるのだ。たとえば岩波書店の『日本思想大系』に収録されている佐藤信淵（1769～1850）などだ。

学術性の高い書物を残す人には、かならずまとまった著作がある。たとえば神田喜一郎（東洋史学　1897～1984）の学芸随筆『敦煌学五十年』で、この本を読むと、神田さんのその他の本をまとめて読みたくなる。一冊の本から全部の本へ、これがいい本、素晴らしい著者と長く深いつきあいが生まれる醍醐味なのだ。

△「学者」の枠にはまらない人の本

「専門」とは、特定の分野という意味である。学者とは専門領域をもつ人のことで、したがって、「学者」とは、特定の分野＝「狭い世界」に閉じこもる、肩肘の張った、何かとつきあいづらい人種にちがいない、というイメージがつきまとう。「文は人なり」というが、学者の書いた本は、狭小で硬い、というのが通常である。

ところが、本物の学者には、柳田国男（民俗学）や折口信夫（国文学）の名をあげるまでもなく、特定の分野に閉じこもって自足するような人が、むしろ少ないのだ。たとえば、柳田国男は、若き日に文学（短歌）を志し、ついで役人になってから農政学を究めようとし、その「成果」の上に立って民俗学を樹立しようとした。折口信夫は、柳田と並ぶ民俗学者でもあり、国文学の泰斗であり、釈迢空《しゃくちょうくう》という名をもつ超有名な歌人でもある。

専門分野で大きな成果を上げながらも、専門の枠を超えて、読んだり書いたりする人の本は、広く深い知見だけでなく、独特の滋味を与えてくれるものだ。読んで、本当に得をした、と思える。

△広く書物を読んでいる人の本

本が好きで好きでたまらない人には、大別すると、二つのタイプがある。

一つは、これはと思える領域《ジャンル》や作家を、とことん読まないと満足しない人だ。いわゆるマニアタイプで、専門研究者は、こうでなくては困るだろう。

一つは、ジャンルにこだわらず、どんな本でも著者でも、いいと思えるものはどんどん読んでゆく、多読、乱読の人だ。いい本にであうためには、つまらない本でさえ手に取ることを厭わない必要がある。専門研究者が、専門のことしか知らない専門バカにならないためには、このタイプの読者でなければならないだろう。

ということは、まっとうな専門家になるためには、二つのタイプを兼ね備えている必要があるということだ。

あらゆる学問の基礎は「歴史」だ。これはとくに強調しておきたい。

歴史知見のない人、とりわけ歴史センスのない人は、どんな学問をしても困るチンになる可能性が大だ。しかも歴史を知るためには、歴史学書を読むだけでは、まったく不十分である。現在はもちろん、時代を超えて、さまざまなジャンルの本を、雑書（非専門的書）も含めて読む必要がある。むしろ、歴史小説を含む雑書をこそ読まなければならないだろう。

たとえば、歴史センスを磨くためには、司馬遼太郎の時代小説を読むことが不可欠だろう。わたしは司馬さんの本は「人間の大学」であると考えている。青少年が一人前の「大人」に成るための「教科書」なのだ、ということだ。

この意味で、雑書を広く読んでいる人の本と、そうでない人の本とでは、目に見えるほどの差がある、といってもいいのだ。

△リーダブルな本

本である。どんなに難しいことが書かれていても、読んで理解可能でなければならない。リーダブル（readable）とは、たんに理解できるということではなく、「読者が理解可能」であるということだ。

苦心惨憺しなければ理解できない、ではなく、一定の知的努力があれば、誰にも理解可能な本であれば、最上の部類にはいる本だといっていい。

難解である、ということが尊ばれた時代があった。そんなに以前のことではない。たとえば、哲学の西田幾多郎『自覚に於ける直観と反省』やマルクス経済学の山田盛太郎『日本資本主義分析』などで、まるでお経のような難解さなのだ。そのような本は、特別のことがないかぎり、忌避してもかまわない。というか、忌避すべきだ。重要なことは、難解さを誇る本に畏れいる必要はないということだ。

もちろん、専門であるか、非専門であるかにかかわらず、読んで理解しようとすれば、知的な緊張と持続力が要求される。リーダブルな本といっても、アイスクリームを飲み込むのとは異なる。

でもいい本は、熟読すると、おのずとわかってくるものだ。一度目はわからなくとも、関連する分野の本を読み進めてゆくと、霧が晴れるようにわかってくる。そういう思いをして読んだ本は、かえって身につくから、面白い。

△自国と自国民を大切に思っている人の本

学問の基礎は歴史知見だといった。とりわけ自国と自国民の歴史を大切にできない人に、学問をする資格がないのでは、というのがわたしの意見である。

大切にするとは、国粋主義者、ましてや排外主義者になるということを意味するのではない。自国と自国民の過去の遺産を大切にし、自分たちに手渡された財をさらに豊かにして、それを次に来る人たちに渡そう、と思える人になることなのだ。

特にこのことを強調したいのは、日本は他国に類を見ない豊かな歴史をもっている、という事実から来ている。たしかに、政治経済ばかりでなく、学問芸術においても、日本は隣国チャイナと遠国欧米から大きな決定的とも思える影響を受けてきた。もの真似、猿真似日本（人）といういや味な呼称さえある。

だが、政経や学術においてばかりか、文芸においても、日本は、他から学びながら、日本独特自であると同時に、今日はやりの言葉でいえば、世界標準《グローバル・スタンダード》の作品を生み出してきた。

文学では紫式部『源氏物語』や松尾芭蕉『奥の細道』であり、学術思想では伊藤仁斎『童子門』や福澤諭吉『学問のすゝめ』であり、技術ではソニーやトヨタだ。

日本と日本人の知的技術的富を伝える本を、ぜひ若いこれから本格的に学問研究に向かおうとしている人たちに提示したい、というのがわたしのいちばんの想いである。

自国の伝統や文化を継承しようという意思のある人が、洋学派と和学派とを問わず、いい本を書いてきた。この日本と日本人に受け継がれた歴史遺産を大切にする、それが、学問好きであるとともに、専門家になる必須資質である、というのがわたしの意見だ。

△派閥(school)を作りたがる人の本には、要注意

学問をするためには、いい環境が必要だ。一流大学、とくに東大や京大には、比較して、その環境が良好なことは、いうまでもない。寄れば大樹の陰、という言葉もあるように、環境良好大学で学ぶと何くれとなく有利なことは事実だ。

ところが、群れると人間ばかりか、学問も弱くなるという法則がある。学閥＝大樹を頼ると、学術上さまざまな障害が生まれるからだ。自由闊達で、幅と奥行きがある学問研究

生活が訪れず、価値ある学問研究も生まれ難くなりやすい。

特に、第二次大戦後、社会主義思想とその亜流が学壇ならびに論壇を席巻してきた。いまは影を薄くしたものの、社会主義思想は本性的にパーティ（党派）を作る性格を持っている。セクト（宗派）であり、学閥（sectionalism）なのだ。宇野学派、丸山学派等々、数え上げればきりがない。

派閥の力に乗って、その学問上の勢力《パワー》を誇る人たちの本は、ひとまずは「?」や「×」をつけてもかまわない。注や引用文献に、自派のものしか掲げない人の本は、忌避してかまわない。

△絶版書や古書を見つける方法

最後に、必要な本を見つける方法を簡単に示そう。

新刊書が洪水のようにあふれている。同時に、新刊書を含めた大部分の本が、書店からあっというまに消えてゆく。必要な本のほとんどが絶版のままで、書店にはない。

しかし、読みたい本、読むべき本は、手に入れ、読まなくてはならない。いやしくも知的プロをめざそうという人は、文献の収集で手を抜くと、致命傷になる。間違っても自分の努力不足を、「書店で見つからないので、読んでいない」という「口実」にしないでほしいものだ。少し昔と違って、絶版の本でも、簡単に探す手段があるからだ。それをしないのは知的怠慢という刻印を押される。

いい時代になった。和書であるか洋書であるかにかかわらず、求める本が、新刊書・古書を問わずインターネット通販等で、誰でも容易かつ迅速に手に入る時代になったからだ。それもリーズナブルな値段でである。

一九六〇年代のことだ。専門に進んだ三年生の初め、カント研究に必読な注釈書を洋書輸入書店に注文した。卒業論文を書くためだ。ところが卒論を書くのに間に合わなかったばかりか、四年後、修論を書き上げてはじめて手元に届いた。ヒュームの『人生論』のドイツ語版は、尋ね尋ねて某大学にたどり着き、ようやくコピー（青焼き）で手に入れることができた。この探索にはまるまる二年間かかった。

ところが、二一世紀である。現在、新刊書も、旧刊書も、古書も、書店に赴かなくとも、必要なものは、ネットで検索し、購買あるいは閲覧可能になった。実に便利だ。検索エンジンで見つかれば、あっというまに手元に届く。

また大学図書館のネットワークを利用すれば、必要な本のほとんどは閲覧、貸し出し可能なのだ。

本を読む楽しみの一つに、本を探し、手に入れ、蔵する、という楽しみがある。これを欠いては、本から得られる喜びは半減するのではないだろうか？ 蔵書があなたの「分身」と思えるようになったら、いっぱしのプロの研究者だと思っていい。

さまざまな手段で、求める本にたどり着き、読破する楽しみを満喫して欲しいものだ。

第三章　知的学生になるために

1　学問とは何か

△「学問」のイメージ

大学の「哲学」の時間、最初の講義で開口一番、質問することがある。

「学問は英語でどういうか？」

だれも手を挙げない。それで指名する。自信なさそうに、答えが返ってくる。

「スタディ（study）」あるいは「ラーニング（learning）」、「エデュケーション（education）」、「ナレッジ（knowledge）」、……。

「どれも間違ってはいない。しかし、ぴったとこない。」こういって、板書しながら、

「スタディは研究、ラーニングは学ぶこと、エデュケーションは教育。動詞では、学問を

研究する、学問を学ぶ、学問を教育するだ。問題は、この学問で、ナレッジが、どちらかというと、近い。」まずこう指摘する。さらに各ターム（用語）を板書して、

まだ習っていないだろうが、ドイツ語で学問のことを、ヴィッセンシャフト（Wissenschaft）という。wissen（知る）あるいはWissen（知）は、英語ではノウ（know）。-schaftはシャッフェン（schaffen 造る）に由来する集合名詞を示す後綴り《あとつづり》だ。それで、ヴィッセンシャフトとは、知の総合、知の体系といわれる。

このヴィッセンシャフトは、英語でサイエンス（science）で、一般に「科学」といわれている。ラテン語のスキエンティア（scientia）からきたものだ。

ところが、「サイエンス＝科学」は、現在では一般に「自然科学」をさす。学問は、もちろん、自然の分野を含むが、人文（＝人間）と社会の分野をも含んでいる。

つまり学問はサイエンスにスムースにつながらない。これが第一の理由。

第二は、ではどうしてサイエンス＝自然科学になったのか？

「学問」はもともと漢語だ。チャイナ由来のもので、「儒学」のことで、学ぶ対象は四書五経（四書とは『論語』『孟子』『大学』『中庸』、五経とは『易経』『書経』『詩経』『春秋』『礼記』で、儒教の基本文献＝「古典」とされる九冊の書物）を中心とした、政治・倫理

的性格が強い。自然科学はおおよその圏外におかれてきたわけだ。

この儒学と仏典研究が、日本に入ってきて学問対象になる。ところがシナ由来の学問が日本に入ってきて多少変化し、江戸期に山片蟠桃『夢の代』のような西洋知の影響を受けた例外があるとはいえ、基本的には、西洋の近代学問に遭遇するまでは、学問とは政治道徳学であった。

学問から自然科学の分野が欠落し、学問＝サイエンスと結ぶことができない理由であった。

△哲学から諸学へ

諸科学（諸個別科学）の総体が「学問」である、といった。

しかし、もともと多数の分科学があって、それが統合されたのではない。この点に注意してほしい。

学問とは、もともと一つであった。すなわち哲学、正確には、ギリシアで生まれた「哲学」という唯一の学問があったのだ。

哲学は、フィロソフィア（philosophia）の訳語で、フィロ（愛）とソフィア（知）の合成語である。知を愛するで、あらゆるものに好奇心を抱き、そのものを探求し、究明し、知ろうとする欲求をもつ人を、哲学者といった。哲学史でもおなじみの、ソクラテスであり、プラトン、アリストテレスである。哲学＝学問は、学校で研究し教育された。有名なのが、プラトンが開いたアカデメイア（学園）である。

ところが、もっとも古いといわれるパリ大学やオックスフォード大学が創建されると、一つのサイエンス＝哲学から、専門学として医学と法律学が独立し、これとは全く別に神学部が創建された。すなわち、哲学部と専門の医学部・法学部、神学部だ。

しかしパリ大学もオックスフォード大学も、ローマ教会の学校であり、神学部が基本だった。その後、現在の大学につながる研究教育機関になっていったのだ。

それでも、学問の総合図は、一九世紀になっても、たとえば哲学者ヘーゲルの区分では、

①自然哲学（力学・物理学・生物学）

②精神哲学（人間学・法哲学・哲学）

となっている。しかし、この場合、精神哲学の「哲学」を除けば、すべて、自然哲学＝自然科学というように、哲学＝科学（個別科学の総体）のことである。

△分科化と統合化

学問は、唯一の学問である哲学から分科した。分化した諸科学は、二〇世紀には、哲学を完全に振り切って自立し、現在では、ますますその分科化、専門化、細分化のスピードを速めている。こういっていいだろう。

たとえば、生物学だ。

①生理学系と②生態学に大別され、③中間領域として、動物心理学・動物行動学がある。

①には、生理学、解剖学、発生学、微生物学、遺伝学、細胞学に加えて、最近急速に進化をとげている免疫学、分子生物学がある。生命現象を、たんなる「物質」の組み合わせにすぎない「DNA」研究によって説明することで、生物学に大地震が生じている。生物と無生物をつなぐ「リンク」を明らかにする分子生物学の大躍進によってだ。

②には、動物学や植物学にとどまらず、集団遺伝学、社会生物学、生物地理学、形態形成学がある。だが、この分科も、対象と方法等の違いによって、さらに細分化されていっている。

しかし、学問は、高度化し、専門化し、細分化していっているだけではない。新しい学問領域、それも統合的な領域もまた出現している。

たとえば、人類学である。人類学の方法で、すべての領域を分析し、考察しようとする。従来の①自然人類学や②考古学とはべつに存在した③民俗学の一領域として出発した文化人類学は、フィールドワーク（実地調査）を基本として、政治人類学・法人類学をはじめとして、医療人類学・教育人類学・心理人類学から、性人類学、あるいは書物人類学を標榜する研究者もいる。

また、政治と経済の二一世紀の最重要問題の一つと目されている環境問題を、学問＝科学的に取り扱おうとする新しい分野がある。まだ科学として自立しているわけではないが、環境学が登場しつつある。

環境化学、環境工学、環境生物学、環境地理学、環境法学、環境文化論、環境倫理学等、続々と登場している。もっとも、実情は、環境問題を取り扱う科学、環境問題を取り扱う倫理学ということで、環境学としての統一した学的方法や成果があるわけではない。

というように、学問自体の発達だけではなく、政治や産業の変化や要請で、さまざまな学問が生まれ、またその使命を負えて消えてゆく。

2　人文科学

＊ここからの2〜6、学部・学科・コース等の編成実例は、カテゴリー「名《ネーム》」だけでいうと、変化が激しい（途上にある）。いちおうの目安だと理解して欲しい。

△人間学と哲・史・文

日本の大学の科目表には、「人文科学」（human sciences）という大きな学問領域が記されている。しかし、人文科学なるものは、存在しない、と思ってほしい。

カルチャー・サイエンスイズ（cultural sciences; human studies [learning]）ならある。「文化科学」あるいは「教養学」である。しかし、総じてアメリカでは、ザ・ヒューマニティーズ（the humanities）すなわち「人間学」とよばれている。

人間学は、一般に、文学部が専攻する領域で、①哲学、②歴史学、③文学に分かれている。

哲学には、［1］対象領域や方法論で区別して、論理学・哲学史・社会哲学・美学・宗教哲学・倫理学・科学哲学・社会学・心理学等がある。現在は、社会学や心理学は、哲学から独立している。

［2］　国や民族によって区分して、ドイツ哲学・フランス哲学・イギリス哲学・アメリカ哲学（英米哲学）・インド哲学・イスラム哲学・中国哲学・日本哲学等がある。

［3］　時代で区別して、古代ギリシア哲学・中世哲学・近代哲学・現代哲学がある。

［4］　学派やイズム（主義）で区別して、プラトン主義・デカルト主義・カント主義・マルクス主義・京都学派等が、また、世界観で区別して、唯物論・観念論・経験論・現象論・実存主義・構造主義等がある。

歴史学は、その成り立ちが、複雑である。

①日本の最初の歴史書（正史）である『日本書紀』から発した、日本史がある。（これは②の影響を受けているが、独自性をもつ。）

②中国（チャイナ）の最初の正史『史記』に端を発した中国史を中心とする東洋史がある。

③ギリシアのヘロドトス『ヒストリアエ』に端を発した西洋史がある。

ちなみに、②と③というまったく違ったスタートとモデルをもつ東洋史と西洋史が無理矢理合体されて、「世界史」になった。

つまり、日本には、成り立ちも、特徴も異にした三つの歴史学が混在しているのだ。歴史学を学ぶ人は、よくよくこの事情を承知してほしい。

歴史学にも、哲学と同じように、区分がある。

［1］　歴史理論（方法論）・文献学・調査法・文化史・政治経済史等

［2］　日本史・東洋史・西洋史・フランス史等

［3］　先史・古代史・中世史・（近世史）近代史・現代史

［4］　唯物史観・アナール派・生態史観・進歩史観・自由史観等

文学は、もっとやっかいだ。

「文学」はリタラチャー（literature）であり、レター（letters）である。小説や詩歌だけでなく、文字で書かれたもの（文献）すべてを対象にする。政治や経済の文献ももちろんその視野にはいる。

しかし、日本では、小説詩歌が中心かつ主たる対象だ。

ところが、「文学」といっても、「語学」（言語学と外国語）が混入している。文学部とは別に、「外国語学部」として独立しているところもあるが、外国語学部にも、もちろん「文学」研究が混入している状態なのだ。

文学系＝国文学・英米文学・仏文学・独文学・露文学・中国文学
語学系＝言語学・国語学・英語学・仏語学等
以上、概略述べたが、同じ文学部に進むといっても、さらに、国文科を専攻するといっても、その先どのような研究をするかによって、ずいぶん異なる道があるかがわかるだろう。

△芸術(art)

ヒューマニティーズ（人間学）には、哲・史・文とは独立に、芸術科あるいは芸術学部が含まれている。さらには、「文学」も芸術の一分野とみなす考え方も成り立つ。

特にアメリカでは、芸術の商業化が大がかりに進み、芸術の諸分野で活躍する人たちを養成する芸術大学あるいは芸術学部が、大きな役割を演じている。この傾向は日本でも進んでいる、とみていい。

芸術の諸分野は、①美術②音楽③写真④演劇④映画⑤建築デザイン⑥文学等、多岐にわたる。

芸術学科は、理論的研究に重きをおく場合と、実技修得を主な目的とする場合とでは、ずいぶん特徴が異なる。小説家になりたくて文学部に入る人はいない。だが、映画監督になりたくて、芸術学部の映画コースに入る人は、かなりいる。

この点で、芸術学科は、比較的、実践的な側面を重視するとみなしていいだろう。日本では、各県にある教育大学に、美術や音楽を教える教師の養成科があり、芸術教育とその普及の下支えをしてきている。

△学問の基礎は歴史である

文学部や芸術学部に限らないが、学問研究の基本は「歴史」にある。特に重要なのは、学説史だ。

哲学は哲学史である。こう断言してもいいだろう。哲学の歴史を知らなければ、人類の貴重な遺産を土台にして、新しい境地を開拓することは難しい。

「学ぶ」は「真似ぶ」である。先人の業績（works）から学び取らなくて、どうして先に進めるだろうか。

この場合「歴史」とは「歴史学」のことではない。ちょっと乱暴なことをいえば、日本文学は小西甚一の『日本文藝史』（全五冊）を、日本歴史の「歴史センス」は司馬遼太郎の歴史小説を、読むことで磨かれる。こういってみたい。

あるいは、モンテニュー『エセー』は、ギリシア・ローマ思想と文化の解説書として読める。モンテニューが下敷きにした、プルタルコス『英雄伝』をまさにギリシア・ローマの思想家史として読むことができる。

歴史に無知なのは仕方がないが、歴史に無関心なのは、知的な人間になる場合の最低要件を失うことになる。こういっていい。

ところが、歴史は大学では教えられない。自分で学び、研究するしかない。自学自習が基本だ。難点でもあり面白くもある。

3　社会科学

△法・政・経

①法律学と②政治学は、もっともはやくから生まれた学問分野の一つだ。

紀元前六世紀に活躍した、ギリシアの哲学者プラトンには、『国家』や『ポリティコス（政治家）』『法律』等の著作がある。また同じころ活躍したチャイナの孔子の言行録『論語』を多く占めるのは、政治と法制度にかんする卓抜した意見だ。

「社会科学」（ソーシャル・サイエンス　social sciences）は、もともとは、法律哲学が分化して、社会哲学あるいは精神哲学（道徳哲学・法哲学）とよばれてきたものだ。経済学の父といわれるアダム・スミス（1723～90）は「道徳哲学」教授であった。

社会科学の主要な分野は①法律学、②政治学、③経済学で、

①法律学の対象は、法（right）なくして国家も支配もないといわれるように、社会が存在するもっとも基本的な要素である。したがって、

［1］　具体的な法律（実定法）に対応してそれぞれの専攻学問が決まる実用法学で、私

法を扱う、刑法・刑事訴訟法・民法・商法等と、公法を扱う憲法学・行政法学等にわかれる。

［2］法の根拠や解釈をする基礎法学で、法制度や社会との連関を考察する法制史（法史学）・比較法学・法社会学と法哲学（法理論）にわかれる。

［3］とうぜん国で法体系が異なり、英米法、フランス法、ドイツ法、日本法等の専攻分野があり、さらに諸国家間《インターナショナル》の権利・義務関係を決めた法・条約や国際《インターナショナル》慣習上の規則からなる。

［4］学派や法観の違いによって、自然法学、実定法学、歴史法学、分析法学、純粋法学等がある。

法学は、刑法のように歴史の変化にもかかわらず大きな変動を被らない実定法もあるが、憲法や行政法のように、国家の運命や社会の変動によって、終始、姿や解釈を変え、実質的に変化してゆくものがある。

また、最近、日本版ロー・スクールともいうべき、法の実践的職業人を独自に養成する法科大学院の設立が相次いでいる。

②政治学は、法律学から独立したものだが、現在でも、法学部の一分野に含まれている

場合が、ほとんどだ。

政治学はどこまで「科学」でありうるかが、つねに問われている。政治学は、国情やそのときどきの政治権力者の意向によって、もっとも激しく揺さぶられるからだ。

ちなみに、日本の行政と外交の官僚を養成してきた、東京大学法学部の講義名をつぎに示しておこう。

政治過程論・日本政治外交史・ヨーロッパ政治史・行政学・国際政治・国際政治史・政治学・比較政治Ⅰ・比較政治Ⅱ・比較政治Ⅲ・政治学史・日本政治思想史・アメリカ政治外交史・アジア政治外交史

最近では公共政策学部・学科が、大学院を中心に分化していっている。政治学と経済学、さらには工学を結合することによって、政策を形成、実施、評価する専門家を養成することを目的とする、日本版ポリティカル・スクールだ。

③経済学は社会科学のなかでもっとも「科学」の要件を備えている、といわれてきた。その分析手法も、説明方法も、定量化（数値等）によって示す自然科学とよく似ているからだ。

経済学も、さまざまな専攻に分かれる。

［1］　研究対象による区分　理論経済学・経済学史・財政学・農業経済学・公共経済学等

［2］　時代による区分　古典経済学・新古典経済学・近代経済学・新古典派総合・現代貨幣理論（ＭＭＴ）等

［3］　国・地域で区分　世界経済論・アジア経済論から高知経済論・四万十川経済論まで

［4］　分析手法や経済観で区別　マクロ経済論・ミクロ経済論、マルクス主義・近代経済学（ケインズ主義）、マネタリズム・サプライズド＝エコノミックス等

［5］　関連学問と結合し、社会経済学・経済哲学・経済人類学・統計学・心理経済学等で、経済社会、とりわけ産業の進展・変化が激しく、経済学の諸分野や専攻が、どんどん変わってゆく。

△**社会学**

「社会学《ソシオロジー》（sociology）は、もともとは哲学の一部で、近代日本では文学部哲学科の一専攻分野であった。しかも、革命の理論を標榜するマルクス主義が「唯一の社会科学」を僭

称した時期があったため、社会学は「革命」ではなく「変動」の理論である、と自己規定した。

しかし、社会学が「科学」の要件をどれほど備えているかは別として、社会学は哲学から独立した、社会科学の一分野である、ということは否定できない。

社会学は、とりわけ日本では、その成立事情からして、文学部の諸学が、あるいは社会科学の諸分野が取り扱わない部分を研究・分析対象にする、という「隙間」学というのが実情ではなかったろうか。つまりは、何でも屋だ。

しかしこのことは、人間社会のすべての分野《こと》を研究対象にするという旺盛な精神を生み出すことになった。雑食の強さで、他の学問分野から借用できるものは何でも利用するという精神にも欠けていない。人文系ではなく社会系で、また事実、これといった特徴がない学部は、総じて社会学部を名乗ってきた。

社会学は大別して、理論社会学と、実験・調査をベースにした行動社会学がある。

△社会科学系の「凋落」?

経済学は、経済理論は解決が迫られている現実問題になんら役にも立たない。むしろ、有害な役割を演じている。こういわれてから久しい。すなわち、正しい現実認識をもたらさない、エセ「科学」だというわけだ。

政治学は、久しい以前から、現実の政治にほとんど関与していない。せいぜいTVのコメンテーター並みのことしかやっていない。こういわれてきた。

だが、経営者や経済評論家が、経済の舵取りをうまくやってきたかというと、まったくそうとはいえない。政治家や官僚が政治を適正に運営できたかというと、もちろん、そうではない。

それに経営者や政治家たちの「思考」の背後には、むしろ色あせた単純・粗野な「理論」が存在することがしばしば見受けられる。理論軽視は、乱雑で乱暴な経済と政治の運用をむしろ許す、ということも事実なのだ。

理論や学問軽視の時代にこそ、それをあえて重要視する稀少価値が存在する、ということを知ってほしい。

4　自然科学

△日進月歩の物理・化学・生物学

哲学＝学問は、古代ギリシアで、自然のアルケー（元基）を究明する知的活動からはじまった（とアリストテレスがいった）。自然はその根源である「水」から成っているとしたタレスが最初の哲学者と呼ばれた。

また、プラトン哲学のモデルはピタゴラス学派の「数学」で、数学は正しい認識を保証する唯一の「学」であった、といってよい。

しかし自然哲学も数学も、哲学の一部であった。それが哲学からはっきり独立したのは、近代に入ってからで、ニュートンの物理学、ラボアジェの化学、シュライデンやダーウィンの生物学によってだ。

自然科学の基礎固めが終わると、自然科学の歩みは高速・高度化し、その専門分化もまた激しい。

①物理学（フィジックス　physics）は、天文学を中心に、もっとも早くから発達した自然科学の分野で、次のような分科がある。（以下、大阪大学理学部大学院の専攻科で例

示する。）

高分子科学専攻＝〔大講座＝高分子合成＝反応科学講座・高分子構造＝物性＝機能論・高分子凝集系科学　協力講座＝情報高分子〕

宇宙地球科学専攻＝〔大講座＝宇宙惑星進化学・自然物質学・極限物質学〕

②化学《ケミストリー》（chemistry）の歴史は、酒の発酵や金属精錬（冶金）の技術にはじまる。文明史と同じ長さをもつが、近代科学として成立したのは、比較的新しい。化学は、自然科学のなかでももっとも分化と融合の激しい分野だ。

・無機化学＝分析化学・放射化学・無機化学・錯体《コンプレックス》化学

・物理化学＝物性物理化学・構造物理化学・量子化学・反応物理化学・レーザー光化学

・有機化学＝構造有機化学・物性有機化学・生体分子化学・有機生物化学

・学際化学＝天然物有機化学・生物無機化学・分子熱力学

③生物学《バイオロジー》（viology）は、ギリシアのアリストテレスに発する博物学と生命論の二つの流れがあった。現在、分子生物学の進化によって、大変化をとげている分野だ。（やはり大阪大学物理学部大学院の生物学専攻科で例示する。）

・生体分子機能学・生物物質学＝構造生物学・分子遺伝学・分子生理学〔大講座＝比

較生理学〕・細胞生物学〔大講座＝植物生長生理学・核機能学〕・物性生物学＝自然史生物学・感覚生理学・植物生態生理学・分子細胞生物学〔大講座＝生体膜機能研究〕・有機生物化学（このほかに、タンパク質研究所や微生物研究所等で、生物学の最新分野の研究が行なわれている。）

しかし、大阪大学の生物学専攻には、生物学の大きな分野が欠けている。京都大学物理学部大学院の生物学専攻を示して、補おう。

京大には、生物物理学系の他に、動物系と植物系がある。

動物系＝動物系統学・動物行動学・動物生態学・分子＝進化発生生物学・放射線生物学・自然人類学・人類進化論・〔協力講座＝海洋生物学〕

植物系＝生態科学・細胞情報制御学・植物生理学・形態統御学・植物分子細胞生物学・植物分子遺伝学・植物系統分類学・形態統御学

非常に充実した専門構成だ。

△数学は自然科学か？

数学《マセマティックス》（mathematics）は、もっとも厳密な学問＝サイエンスとしてギリシアで成立した。ピュタゴラスの定理はあまりにも有名だ。そして、あらゆる学問の「正しさ」の基礎であり尺度とみなされてきた。だから数学が要求する条件を満たさない知識は、「科学ではない」という言い方さえ（いまなお）されるほどだ。

この数学、自然科学の物理学部に属している。しかし素粒子理論は数学なしには生まれなかっただろうが、はたして数学は素粒子理論のように、特定の対象をもった自然科学なのだろうか。この疑問は、疑問として頭に入れておくといい。（やはり、大阪大学物理学部大学院数学専攻科でその分科を示そう。理学部のなかでは小世帯だ。）

・代数学・大域数理学・幾何学・実験数学・解析学・応用数理学

△医学は、自然科学か？

医学《メディスン》（medicine）の祖は、古代ギリシアのヒポクラテスといわれる。人間の病気を治す技術として、古くから大きな社会的役割を演じ、独自な発展を遂げてきた。

西欧では、たとえば図書分類でも分かるように、医学は農学や工学と同じように、応用科学の分野に入っている。日本では、数学や物理学と同じように自然科学に分類されている。このことは、その正否はともかく、医学は自然科学には収まりきらない、工学と人間学、社会科学を横断する総合的な科学・技術である、ということを頭に入れておこう。

医学も多くの諸科学や諸技術の進化に伴って、大変貌をとげている。その臨床分科は、通常、総合病院の「科」で知ることができる。

(1)基礎医学＝細胞学・生理学・生化学・細胞学・免疫学・病理学・薬理学・放射線学等

(2)臨床医学＝内科・外科・神経科・眼科・泌尿器科等々

(3)社会医学＝法医学・公衆衛生学・医事法学等

△農学は自然科学か？

農学《アグリカルチャ》（agriculture）は農業と不可分の関係にある。近代大学では、産業の最大部門として、最も早く創立された学部の一つで、一時、農業の産業的地位が低下したことで、農学部の縮小が叫ばれたことがあった。だが遺伝学の大変革をもとにバイオテクノロジー応用の一大沃野として、脚光を浴びはじめ、大改組（分化と拡大）の途上にある。

農学も、横断的科学で、自然科学にはおさまらない。（ここでは北海道大学農学部大学院の専攻科を紹介しておこう。）

(1)生物資源生産学＝作物生産生物学・園芸緑地学・家畜生産学・畜産資源開発学・生物生

産工学・農業経済学・北方資源生態学
(2)環境資源学＝生物生態学体系学・地域環境学・森林資源科学・森林管理保全学・木材科学・北方森林保全学
(3)応用生命科学＝育種工学・応用分子生物学・生命有機化学・分子生命科学・食品科学

5　工学

△工学は技術系で、独立した部門だ

ときに、工学（エンジニアリング　engineering）を自然科学のなかに含める場合がある。文系に対する理系の意味でなら、たしかに工学は理系に属する。

しかし、工学は、電気［土木・機械・化学・繊維・金属・経営・制御］工学（electric [civil, mechanical, chemical, textile, metal, industrial, control] engineering）でもわかるように、アート（人工＝技術）を基盤としたものだ。

ちなみに、工学部は、デパートメント・オブ・テクノロジー（the department [faculty] of technology）という。科学と技術は同じではない。工学は技術系だ。

工学は、近代産業（工業）の発達・変化と不可分の関係にある。特に高速で変化する技術開発の影響をもろに受ける。（ここでは、名古屋大学工学部大学院専攻科のケースを示し、その専門分化を概略するにとどめよう。）

Ⅰ系〔化学・生物工学〕＝応用化学・物質化学・分子化学工学・生物機能工学

Ⅱ系〔物理工学〕＝材料機能工学・材料プロセス工学・応用物理学・原子核工学

Ⅲ系〔電気電子・情報工学〕＝電気工学・電子工学・電子情報学・情報工学

Ⅳ系〔機械・航空工学〕＝機械工学・機械情報システム工学・電子機械工学・航空宇宙工学

Ⅴ系〔社会環境工学〕＝土木工学・建築学

複合専攻群＝結晶材料工学・地圏環境工学・エネルギー理工学・量子工学・マイクロシステム工学・物質制御工学・計算理工学

工学は、Ⅰ、Ⅱ系とも、化学や生物学、物理学の応用技術であると同時に、工学技術の革新が、化学や物理学の革新をもたらす、ということも忘れてはならないだろう。

たとえば、情報工学だ。情報理論（物理学）は、技術化され、コンピュータの生産に結びつき、つぎつぎにダウンサイジングしてゆき、さまざまな産業で実用されるようになって、まったく新しい展開を見るようになった。むしろ、技術の成立が、新しい科学部門の確立を促す、という過程を踏んでいる、といっていいだろう。

名古屋大学にはないが、Ⅴ系には造船学（海洋造船工学）が含まれる。かつて、一九六〇年代、造船学は工学部の華だった。日本は、技術部門でその最先端を行っていた。しかし、産業が斜陽化するに従って、造船業が縮小し、学問分野が縮小してゆくという結果になっている。

これほどに、科学（学問）と技術と産業とが密接な結びつき関係にあるのが、工学なのだ。

△「○×工学」の花盛り

工学は、辞書にもあるように、⑴「工業技術（生産）に関する事柄を研究する学問」とともに、⑵「主として人文・社会科学関係の事柄に『工学』的手法を取り入れて研究・処理する技術体系」（『新明解国語辞典』）を意味する。
特に情報技術の進化と応用の時代、政治学、経済学、教育学、社会学等の理論と応用の両分野で不可欠の分野となっている。たとえばいま注目されている東京工業大学の大学院では、
社会理工学研究科があり、
・人間行動システム・価値システム・経営工学・社会工学専攻に分かれる。この場合「研究科」とは、「文学研究科」＝文学部大学院《グラジュエイト・スクール》（graduate school）を意味する。つまり、対象は文系の分野だが、分析・認識方法は工学（技術）系で、独立した学問領域になって

いる。特に、定量的な分析や説明を要する、政治・経済・経営等の政策や運営にとっては、欠かすことのできない部門だ。

6　学際領域

△「学際」とは？

「学際」とはインターディスプリナリー（interdisciplinary）の訳語で、「学際的研究」とは、「いくつかの学問分野にまたがる現象（問題）を究明し解決するために要請される、関係諸科学による協同的・総合的研究」（『新明解国語辞典』）のことである。

学問は、文系と理系にかかわらず、専門化が進むと、ドンドン細分化し、自分の領域しか目線の届かない、視野狭窄に陥る傾向になる。いわゆる「専門バカ」を生むわけだ。だが現実のほうはますます多様化し、複雑になり、一専門家や一専門分野の手にとっては、とうてい処理できなくなる。

たとえば「環境問題」は、住民の生命や健康を守るための政治問題であり、汚染源を防止する産業・経済の問題でもある。環境破壊原因を析出するためには、物理学を駆使しなければならず、その原因を取り除くためには工学技術を用いなければならない。さらに環境問題は、教育の対象でもある。

というように、さまざまな分野の学問成果を駆使してその解決に立ち向かうことが必要になっている。学際研究が必然な理由である。

　個々の学問は、細分化し、専門化をおし進める。同時に大学や学部という研究教育組織体は、学際化、総合化を推し進める。これが通則なのだ。

　もっとも典型的なのが、マサチューセッツ工科大学（ＭＩＴ）である。もともと「工学」の単科（＝専門）大学として出発した。しかし、研究方法にテクノロジーの利用をおいているとはいえ、現在では、建築・計画、工学、人文・社会科学、経営学、理学の各学部をもつ、「総合」大学に変貌している。

△学際学部の実際

「教養学部」とは、元来、一専門に閉じこもらずに研究教育をおこなう学際学部であった。たとえば東京大学教養学部だ。その大学院は総合文化研究科で、専攻は、
・言語情報科学・超域文化科学・地域文化研究・国際社会・広域科学（＝生命環境科学系・相関基礎科学系・広域システム科学系）で、
すべて学際研究を目的としている。

このなかで、たとえば、国際社会科学専攻の講座構成を見てみよう。

・国際協力論（大講座）＝国際開発論・国際交流論・国際経済協力論・国際社会統合論・国際環境科学・開発援助政策論
・国際関係論（大講座）＝国際関係史・国際政治経済論・国際関係法・国際社会動態論・世界システム論
・公共政策論（大講座）＝日本政治分析・ヒューマン・エコノミックス・公共哲学・現代法政策論・コミュニティ形成論
・相関社会科学（大講座）＝現代社会論・情報技術環境論・計量社会科学・比較社会論・社会制度変動論

講座数の多さに驚かれるだろう。もちろん、以上の講座は国際社会科学専攻単独で開設しているわけではない。複数の専攻で開設している。

同じく、慶応義塾大学の総合政策学部や立命館アジア太平洋大学のように、最初から学際的研究を目して設立されたところがある。

しかし、形だけは学際研究・教育を謳いながら、学部や学科の改組《リフォーム》や、たんなる旧科目の組み合わせや、雑多なものの数あわせ、というようなものまである。一九九〇年代、雨後の竹の子のように輩出した。国際関係学部や総合（社会）文化学部の類だ。

△学際では専門が大切だ

異領域の研究が結び合わさると、大きな力を発揮する。「三人集まれば文殊の知恵」で、これが学際研究のもう一つの目的でもある。しかし、それには条件がある。

学際研究とは、異領域にまたがる協同的な研究のことだ。しかし、質の低い研究や研究者が多領域から集まっても、たいした成果は出ない。むしろ、マイナスの場合が多い。「烏合の衆」だ。そして、これが決して稀ではない現実がある。

だから、雑多な科目を集めただけの、員数あわせのような教師でできあがった学際的学部や学科に入った人は、要注意である。

学際的研究は、しっかりした専門を持ち、そこで成果をあげた人が異領域の研究に進むと、大きな成果をあげる。しかし、雑多な領域を渡り歩いただけで、専門領域で十分な成果を上げたことのない人では、学際研究に進んでも、たいした成果を上げることはできない。

専門バカは困るが、専門をしっかりもった上での学際研究でなければ、効果は上がらないのだ。

7　教養教育と専門教育

△教養単科大学と教養大学院

大学は高い専門知識や技術を教育、研究し、高校までは「知識」の「詰め込み」教育である、とおおまかに区別できる。

大学の一般教養教育は、高校までの教育の「延長」にしかすぎない。「教養」は、「パンキョウ」（一般教育）でおもしろくない。はやく「専門」を。こういう声が、学生のあいだばかりでなく、教師の中からも多くあがる。

それが「教養課程」の廃止・改組の流れとなり、現在、教養課程を担当する「教養部」を存続させている大学は、珍しくなった。

たしかに、教養教育の実際は、多くは専門科目の薄まった解説であったり、担当する教師の恣意的な「講演」であったりした。学生が興味を失うのも当然で、教養課程の廃止は妥当だった。これがわたしの意見だ。しかし、だ。

たとえば、実用教育、職業教育を重視するアメリカの大学で、教養教育がじつに重視されているのだ。

第一は、伝統ある単科大学《カレッジ》、それも小規模だが、リベラル・アーツ（liberal arts　教養課程＝科目）を教育する大学においてだ。

第二は、総合大学《ユニバーシティ》でも、四年間は、文理学部《アーツ・アンド・サイエンスィズ》に属する。文系に進む学生も、理系に進む学生も、自分の「主専攻《メジャー》」と「副専攻」を決められた科目数だけ選択すれば、他は自由に選択できるという仕組みになっている。

そして、大学院に進んでも、ロースクールのようなプロフェッショナル（専門職業人）を養成する大学院以外は、その前期課程はリベラル・アーツ（教養）大学院である。（まじめな勉強はここからはじまる、といわれる。）

つまり、組織的には、アメリカの学部《ジュニア》は日本の旧教養課程（部）であり、大学院（修士課程）が専門学部なのだ。だから本格的に「専門」（コース）に分かれるのは、大学院に入ってからで、この点で日本の大学と基本的に変わらない。

△一般専門と高度な専門

日本では、一年から専門科目を履修させる傾向が強くなっている。これは専門重視の結果なのか？　はっきりそうではない、といってみたい。

医学部でも工学部でも、まともな教養教育は消滅した、といっていいだろう。医学部では、国家試験に出る教養問題対策のため（だけ）に「教養」を講義しなければならなくなっている。

同時に、四年間で学ぶ「専門」は、そのままでは社会に出ても「通用」しない、専門家になるための最低限度の「素養」（grounding）にとどまっている、というのが現状だ。

専門を本格的に習うのは、経済学部であれ理学部であれ、大学院に入ってからで、その前期課程（二年間）をでないと、専門家とみなしてもらえない、あるいは、理学部などでは博士号をもたないと一人前のプロやエキスパート（専門家）と認められない、というのが現実なのだ。

知識や技術の高度化に伴って、またそれが高速で変化するという現実のなかで、専門家になるためにはそれだけ多くの「日時」を必要とする。これが必然で、アメリカと同じように、大学院を出て、博士号をとる、これがプロへの登竜門だ。

しかしそこに「欠落」がある。「教養」教育であり、その研究である。学部四年間のあいだだけ、わずかに専門の「素養」という形で、狭い浅い教養しか教えられないのだ。だから学生は、自学自習で教養を身につけなければならない。

△教養を教える教師はいるのか？

大学の教師は、「教養」の専門家ではない。またそのように養成されてこなかった。では、どうやって教養を教えることができるのか？　教師本人の自主性に任されている。これが現状だ。

自分の専門を深めながら、多領域から広く学ぶ。教養を身につけるのには、これしかない。そのために最も有効なのが、読書だ。「雑学」といい「雑読」という。

ところが、いっぱしの専門家と自認している教師の多くは、広く読書をしない。「読書は趣味だ」はまだましで、「小説はミステリーを除いて読まない。」こう豪語する人もいる。こういう人が教養はもちろんのこと、専門を教えることがうまくできるだろうか？　わたしは「？　？」をつけざるをえない。

専門家が、多くの分野について学ぶのは、文献を読むこと以外によっては困難だろう。教養学部の大学院にでも入り直すという手もあるが、もしそれが可能だとしても、もう一つの専門に通じる、ということにすぎない。つまり大学の講義や演習で「教養」を学ぶのは難しく、自学自習しかないのだ。

人類の知識や技術の宝庫である書物から学ぶ。これが教養を身につける最良の道ではないだろうか？　わたしにはそう思われる。

この問題は、一人教師に当てはまるだけではない。学生にはもちろん、人間一般に当てはまるといっていい。

8　実学教育

△「実学」とは？

学ぶものは、賢に、富に、貴になる。学ばないものは、愚に、貧に、賤になる。こういったあとで、日用の足しにならない文学など習うな。たとえば、読み書き算盤のような普通日用の実学をはじめ、地理、歴史、経済、外国語、あるいは修身等の人間普通の実学を学ぶべきだ。

こう福沢諭吉は『学問のすゝめ』でいった。「実学のすすめ」である。「実学」（プラクティカル・サイエンス　practical science）とは、しかし、何か？　実生活に役立たないものとは、いかなるものか？

原子核の研究は、実学か？　①原子力発電と関係しているから、実学か？　②中性子（ニュートロン）と素粒子（ニュートリノ）を研究している小柴昌俊博士（1926～2002ノーベル物理学賞受賞）は、実学をしているのか？　この研究も原子炉と関係している。じゃあ、実学か？

原子核の理論的研究それ自体は、実用をも実利をも生まない。そういうものとは、まったく無縁だ（ろう）。しかし、それが、ついには人工太陽＝原子炉の製造＝エネルギー開発につながり、日用の電力使用を可能にした。

あるいは、経済学は国の経済政策から、会社の経営、デフレ時代の個人の生き方等々にわたるまで、非常に利用価値の高いものだ。しかし経済学の研究自体は、政策立案や経営コスト計算、資産運用等に、直接関係することはほとんどない。じゃあ、経済学は無用の長物なのか？　非実学なのか？

実学といっても、非実学と実学とのあいだに、はっきりとした線があるわけではない。程度の問題なのだ。

経済学にも、実用経済学がある。哲学にだって、臨床哲学などという、直接日常生活の生き方に関連する部門が注目されだした。応用倫理学の一部門、生命倫理学はまさに実学といっていいだろう。

もちろん、学問の性格として、実学に分類される部分がある。すでに見てきたように、工学であり、医学であり、農学である。しかし、それらにも、実用や実利からはほど遠い、基礎研究部門がある。またなければ、学問上の発達も望めないだろう。

基礎部門は、理論領域であろうが実験領域であろうが、当初は、実用と実利を度外視してはじまる。直接実用や実利を産まない「開発研究費」にいくら投じることができるか、それが学問の発達、ひいては、実用と実利の実現を決定づける、といってもいいのだ。このことを忘れると、『学問のすゝめ』の浅薄な受け売りに終始しかねない。

△職業人の教育

「実学」教育でもっともはっきりしているのは、「職業人」（プロフェショナル）の育成。大学（・大学院）の最重要な目的は人材育成だ。これは他のいかなる機関も代替できない（していない）。

①最も重要なのが、職業人を育成すること。

職業人には、二種ある。

一に、一般的な＝普通の専門家で、小中高の教師やビジネスマン、現場技術者、行政マン等だ。

二に、高度な専門家で、医者、弁護士、会計士等。

②ついで、職業人を養成するプロ（フェサー）の養成で、アメリカの研究Ⅰ（ファーストクラスの研究を行なうと認定された）大学院やフランスの高等教養大学《エコール・ノルマル・シューペリウール》で行なわれ

る。だが、日本には（まだ）ない。

③専門研究・技術者を養成する。この機関は日本にもある。大学院大学だ。その目的が、直接実用や実利に結びつかなくとも、これらの人材育成という点で、大学はまさに社会に対して、実学をおこなっている場所だ、といっていい。

△職業教育

職業人を養成するには、職業教育が必要である。その職業教育に、大別すると二種ある。

①ボケイショナル・エデュケーション（vocational education）で、主として、中等（中・高）教育の対象である。

②プロフェッショナル・エデュケーション（professional education）で、主として、高等（大学・専門学校）教育の対象だ。

大学になぜ行くか？　もっとも単純明快な答えが、「就職」するためだ。高卒でも就職できるではないか？　大学出だと、プロとして認めてくれる。地位や待遇も含めて、総じて高卒より優位だ。こう思えるからだろう。

専門学校は職業（実業）学校だ。職場が必要とする即戦力の能力を教育する。専門能力は個人差があるということを承知でいえば、サードクラスのプロだ。ただし、ここに教養教育はほとんどない。

ところが、大学にまともな教養教育がないばかりでない。まともな職業教育もほとんど稀だ。

職業教育がないから、セミプロないしはアマチュアとして普通の大学を出てきた新入社員に、すぐ専門の仕事を回すことはできない。数年間、どんな仕事に向いているかを試行錯誤をへた上で、はじめて当人の「専門」(部署)が決まる、あるいは非専門部門専従になる、ということになる。

職業教育に関しては、工業系、商業系、外国語系の単科大学では、おおむねきちっとした職業教育を保証するカリキュラムを組んでいる。専門能力は個人差があるが、目標値は、セカンドクラスのプロの養成だ。

ファーストクラスのプロを養成するのは、大学院である。

大学院には二種あって、一に、高等職業人をもっぱら養成する、日本版のロースクールであり、ビジネススクール、メディカルスクールだ。

二に、専門大学院である。高等プロを養成するが、研究のプロ、教育のプロ等をも養成する。研究者養成機関だ。

△哲学は「実学」ではない。不用なのか？

福沢諭吉は、詩歌を含む文学や儒学は、実学ではない。教えるにおよばない、といった。しかし、実学でないものは「不用」なのか？　実用と実利に関係ないのか？

たとえば、諭吉の『学問のすゝめ』は「文学」（の一種）ではないのだろうか？　書いて、出版して、ビジネスになり、膨大な実利をあげた。その上、日本の学術ばかりか、政治意識や人生上の教訓（哲学）となって、今日まで非常に大きな影響を与えてきた。その実用度の大きさも測り知れない。

学問は哲学とともにはじまった。ソクラテスの哲学は、雄弁術（技術 art）を修得しようという政治家志望の若者によって学ばれた。アルキビアデスは、ソクラテスから教わった雄弁術を駆使して、政治才能を開花し、アテネ政治を翻弄した。哲学は技術＝政治技術でもあったのだ。

しかし、（大学で通用している）哲学は、今日、技術学の色彩を完全に失った。非実用というより、「虚学」（イデオロギー）とよぶにふさわしい、と考えられている。（わたしは、哲学は思考の技術である、と定義し、したがって実学的側面を保有している、と考える。）

だが、哲学は実生活にも、政治や経済の営みにも、役に立たないのであろうか？「無用の用」という言葉がある。哲学は、この言葉にぴったりなのだろうか？　そうではないだろう。哲学なぞなくとも、人生も、社会も障害なく進むだろう。しかし、哲学のある人生、哲学のある社会は、ない人生、ない社会と比べて、別種の趣（コンテンツ contents＝内容）がある。格別の「潤い」がある。ゲイン（gain　利得）でありフェイヴァ（favour　恵み）であり、テイスト（taste　味わい）であり、チャーム（charm　魅力）である。

実学・実学教育を狭くとる必要はない。経済学にも、虚学が、非実用的側面が、存在する。少なくない。哲学や文学（国学）を非実用的なことを理由に、大学（教育）から排除する必要はない。

実は、実業教育では、むしろ非実用的側面を同時に教育する必要があることを力説しなければならない。実業教育をもっぱらとする専門学校等の問題点も、そこにあるのだ。

第四章　知的プロになるために

1　大学院案内

△もっと研究したい。学びたい。そう思える人は、大学院に行くといい

学部で「専門」の一端をかいま見た。本格的に専門を学びたい。できれば、専門の研究者を目指したい。そういう人のために、研究機関であると同時に研究者養成機関である大学院がある。

アメリカでは、大学院のある大学をユニバーシティ（university）とよび、四年制の単科大学をカレッジ（college）とよぶ。もっとも、アメリカでもこの伝統的な呼び方と大学の実態がそぐわなくなった。

日本では、かつて、大学院のある大学は伝統ある大規模校に限られてきた。だが単科大

学にも、複数学部大学にも、総合大学にも、ドンドン大学院が新設され、いまでは、専門を学び、研究するには大学院まで進まなければならない、というのが普通になっている。

したがって大学院進学は、三年や四年生になってからの問題ではなく、入学時ですでに考えておかなければならない問題でもある、ということを頭に刻みつけておいてほしい。

△急増する大学院と大学院生

一九八〇年代の半ばまで、大学院をもつ大学、特に博士号を授与できる博士課程（五年制）の大学院のある大学は、エリート校とよぶにふさわしかった。

しかしそれ以降、情報技術を先端とする高度知識技術社会の本格始動と社会主義国の崩壊が重なって、世界が一つ（グローバル・ワン）になりはじめた。知的構造にも社会構造にも「産業」革命に匹敵するような地殻変動が生じた。大学の知と組織はまさにこの変動の大波を直にかぶったのだ。

第一に、四年制の学部だけで、高度な知識と技術を研究教育するのに対応しきれなくなった。

第二に、高速に変化する社会だ。専門的な知識や技術が、ドンドン革新されてゆく。一度えた知識や技術がすぐに古くなる。それを絶えず更新してゆかなければならない。社会人の再教育を含めた、日々、年々革新される知識や技術の研究と教育がますます必要になる。

こうして、大学院の機能変化と規模の拡大が必然化する。

さらに、社会主義の崩壊によって、世界が一つの市場に統合され、物や人間ばかりでなく、知識や技術が国家の壁をやすやすとこえていく。国際競争の激化で、日本国内だけでなく世界に通用する知識や技術の錬磨と修得の必要性が一気に広がった。

以上の必要性を視野において、文部科学省は、一九九八年に約一八万人弱であった大学院生数（修士課程一二・三万人、博士課程五・五万人）が、二〇二〇年には、二五万人以上に拡大する、と予測した。しかし、現在の大学院の推移を見ると、大学院生の数は二〇二〇年には、三〇万人を超えるだろう。とはいえ、これでも、アメリカの一九九四年水準の七分の一程度にしかすぎないのだ。（人口比にして三分の一だ。）少ない。

学部四年卒業だけでは、その道のプロとは認められない、と繰りかえしいってきた。つまり、プロになろうとすれば大学院進学が必要になるということだ。

進学には、準備が必要である。重要なのは、進路設定と、受験準備で、それをスムーズにおこなうためにも、大学院の実態について、はっきり知っておく必要がある。

△大学院の種類

大学院は、学部四年の上にある（グラジュエイト　卒業の）より高度な研究と教育の機関だ。

その役割は、大別すると、①基礎研究を中心とした学術研究の推進。②研究者養成。③高度な専門的能力を持つ人材養成。④社会人の再教育。⑤国際貢献の五つだ。

だがここでは、①と②をあわせて研究者養成、③と④をあわせて専門能力の養成・再養成とみなし、それを大学院の二機能としてもいいだろう。国際貢献は、実質、世界に通用する教育と研究を土台とするのだから、どちらも結果として必要になる。

それで、まず大学院の種類から紹介しよう。

かつて大学院は、学部（四年）の上にはあるが、現実には学部の付属的機関であった。大学院と大学院生の数が少なかった時代のことだ。だが現在、大学院の数が増え、その種類も多様化した。大別すると、次の五種類がある。

(1)二年の修士（または博士課程前期）課程

(2)修士課程とその上に置かれる、標準年限三年の博士（後期）課程
(3)五年間を一貫する博士課程
(4)学部や修士課程に基礎を置かない独立大学院
(5)修士課程だけの専門大学院

(1)は、もっともポピュラーな大学院で、実態は、学部に付属している。

たとえば、わたしの勤務した札幌大学は、一学部（地域共創学群＝人間社会学域）一三専攻で、アメリカのリベラルアーツ型に衣替えした。だが大学院は旧来学部に付随する、法・経営・外国語・経済・文化五学部の付属研究科前期（修士）課程だ。

また福島大学（国立）は、旧三学部（経済・教育・行政社会）を改組し、四学群（人文社会・行政政策・経済経営・理工学）とし、大学院は学群に付属する人間発達文化・地域行政政策・経済経営・共生システム理工研究科（前期課程）だ。

この種の大学院で①②を目指すならば、他大学の(2)あるいは(3)に進学する必要がある。

文系、理系を問わず、修士号（master of arts）を取ることがいちおうの専門技術者の目安になっている。

これが現状だが、たとえば東北芸術工科大学はデザイン工学と芸術の二学部からなる入学定員三〇〇人の私立大学で、芸術工学の修士課程をもつ。ここには油彩画修復の専門家を養成するユニークなコースがある。

(2)は、総合大学の大学院で、大学院としての自立性をもつ大規模なものから、単科大学あるいは複数学部をもつ大学の付属的性格を強く持つ小規模なものまで千差万別だ。

たとえば、大阪大学工学部は、収容定員三二八〇(現数三七〇〇弱)人である。それに対して、修士課程は収容定員一五〇八(現数一七〇五)、博士課程は五五二(五〇五)人で、大学院生は二〇〇〇人を超える。数だけいえば「大衆」だ。

対して、大東文化大学は、学生総数一一五〇〇人で、経済学部は一五〇〇人余、その大学院の前期課程の定員二〇(在院五)、博士課程は定員一〇(在院〇)人だ。

(3)少数だが、五年一貫制の博士課程の大学院がある。

たとえば、筑波大学だ。大学院には、哲学・思想や社会科学、工学や農学等、一九研究科がある。あるいは、小規模だが、東亜大学大学院・総合学術研究科や九州産業大学大学院・国際文化研究科がある。

(4)少数だが、国立の総合研究大学院大学(後期三年の博士課程だけ)や奈良先端科学技術大学院大学（前期二年、後期三年）、あるいは、私立の国際大学（修士課程だけ）や国際仏教大学院大学（五年一貫制）等、学部をもたない少数精鋭の大学院大学がある。注目したい。

(5)日本版ロースクールの法科大学院や、日本版ビジネススクールの経営学研究科等、国際社会に通用する高度な専門職（資格）を目指す新型の大学院が急増してきた。これらは、社会人にも門戸を大きく開いているのが特徴だ。

2　大学院入試事情

△大学院入試は偏差値偏重ではない

日本には、入るのが難しい大学とそうでない大学がある。その違いは偏差値ではかられる。

しかし、大学院入試は大学入学時の偏差値とは関係ない。大学四年間で勉強してきた成果が試される。そう考えていい。したがって、四年間の可能な限り早い段階で大学院進学を決め、自分が専攻しようとする専門分野の勉強をすることが、なによりも重要だ。大学入試のように、特別に、大学院進学のための受験勉強をする必要がない。こう思っていい。入学するのは、考えられているよりは簡単なのだ。

たとえば○×大学の文学部を卒業して、東大の文学研究科へ進むというようなケースは稀ではない。最終学歴が中央大学法学部から東大大学院に変わるのは、考えられている以上に難しくない。

△受験校を決めるポイントは、指導教師にある

どんなにすばらしいコース名や科目名を並べていても、指導してくれる教師（教授や准教授）がダメでは、入って研究する甲斐がない。たいした研究成果は期待できない。こう思ってほしい。

まずしなければならないのは、自分が進もうとする専攻の教師の仕事（業績）を調べることだ。これも立派な受験準備と調査研究（リサーチ）の一つである。

さらに、アポを取って、教師を訪ねる必要がある。このとき気をつけなければならないのは、可能なかぎりその教師の業績を調べてゆくことだ。手ぶらでいって「先生はどんな研究や指導をしていますか」などと聞くのは失礼だ。師事して研究者になる資格に欠ける。

より重要なのは、自分から希望（理想）を熱心に語るのをなるべく差し控え、教師の話に耳を傾けることだ。どんな教師で、どんな研究をしているかをリサーチすることが第一目的なのだ。

もちろん、研究室や設備等も自分の目でじっくり確かめてくることも忘れてはならない。

△自校の大学院を選択肢の第一に考えてみよう

四年間懸命に、学んだ。その成果を大学院でさらに磨きたい。こう思える人に勧めたいのは、まず、自校の大学院進学を検討してみることだ。教師も研究室の雰囲気も熟知している。自校の大学院の研究教育が多少とも見劣りすると感じられても、大学院は「銘柄」ではない。

一流校とは、入るのが難しい大学のことで、いい研究教育がおこなわれている、ということを意味しない。この事情は、大学院でさらに当てはまる、といっていいだろう。

いい指導教師を選べ、といった。しかし、研究活動をするのは本人だ。重要なのは本人の研究成果（業績）である。四年間である程度成果があがったら、それをさらに引き延ばしてゆくのがいい。

しかし、自校の研究教育がぬるま湯的であると感じたら、他校を、よい教師がいて、研究成果をあげている大学院を選ぶ、がベターだ。

△受験科目は、様々だ。外国語がいらない大学もある

1　大学院の入試情報は、インターネットのＨＰで調べることができる。

2　受験科目は、大学院によって様々だ。書類選考の他に、入試科目は、大別すると、次の四種類になる。

①外国語二科目、専門科目（論文形式）、面接（口頭試問）

②外国語一科目、専門科目、面接

③専門科目、面接

④面接

受験者である。なるべく科目の少ないほう、容易なほうを望むだろう。しかし、だ。その道のエキスパートになるためには、英語はもちろん、もう一つ外国語を修得する必要がある。少なくとも専門の文献を読める程度には、だ。

しかも、大学院に入れば、理系、文系にかかわらず外国語が必要になる。学部四年間で、外国語（読解 reading comprehension）で苦労しておくことは、ムダにならない。最初から外国語のないところを目指すのは、国文や国史に進もうとする場合でも、考えものだ。

△専門科目の勉強は、読書でカバー

外国語が受験科目に入っているところは、そのための準備が必要になる。ただし、専門

書（原書）をドンドン読んでゆけば特別の準備は必要ないだろう。

専門科目は、自分が専攻する分野の関連専門書を読めば、問題はない。本を買う。読む。ひたすら読む。そのうえで要約《サマリィ》（summarize）文を書く。これでじゅうぶんだ。

専門の勉強の成果を示すために、卒業論文は、たとえ必修でなくとも、書いて、教師の評価を得よう。読みっぱなしでは、簡単に雲散霧消しかねない。

それに、卒論を書くと、文章を書く訓練にもなる。修士論文、博士論文を書く前準備にもなる。

3　大学院学生の生活

△大学生と大学院生の違い

大学院生とは大学院「学生」（graduate student）のことだ。学生だ、という意味とは、具体的には、次の点に現れる。

①大学院といえども、教育機能をもつ。一つは、指導教師の下で修学する。二つに、修士課程、博士課程とも、最低履修単位数が決まっている。（ただし、単位数は学部の四分の一以下で、少ない。）

②授業料を払う。基本的には、学部と同額だと考えていい。

③奨学資金が出る。月額は、日本学生支援機構（JASSO）奨学金制度で、修士課程五万円または八八〇〇〇円、博士課程で八万円または一二二〇〇〇円。

だが大学院は教育機関であるよりも、研究者養成を主とした機関である。あくまでも主たる目的は学生をプロの研究者、専門家にすることにある。だから、学生であっても、主たる活動は「研究」にある。

大学院生は、入学当初から研究課題を、それを実現するための研究計画（書）の提出を課せられる。さらに、日々の演習や実験等で、計画遂行の程度を試される。

研究課題の具体的な実現は、修士論文・実験、博士論文・実験という形で提出を求められる。

修士論文は、研究者としての最初の成果とみなされ、学術研究の業績に数えられる。つまり、修士論文を書くことではじめて、研究者としてのスタートとみなされるわけだ。

博士論文は、自立した研究者としての能力を認証するもので、各大学・研究機関等の採用資格に、「博士号修得者（あるいは、博士号修得と同等の能力を有する者）」とあるのは、そのためだ。

△専門（職）大学院は、弾力的だ

研究者を養成することを目する一般の大学院と異なる専門（職）大学院が急増している。専門大学院は、法律実務、経営管理、金融実務、国際開発・協力、公共政策、公衆衛生等を対象分野とする。

これと重なる形で、新たに専門職大学院が出発した。その中核は、日本版ロースクール、法科大学院と、日本版ビジネススクールだ。その特徴は、

①修士・博士課程とは異なる専門職学位課程をもち、修業年限、修了条件は、分野ごとに異なる。
②研究指導を必須とせず、指導教師の配置は不用である。
グローバル社会の進展に適合する実務型の専門家を養成する大学院は、成熟段階に達したアメリカと異なって、ようやく日本で「実験的段階」を越えでようとしている、という事情を承知しておいてほしい。

△大学院生の生活は文系と理系で異なる

大学院生の生活スタイルは、文系と理系では大きく異なる。

大学院生になると、大学院研究室を配分される。共同使用で、学内に自分の研究室ができる。この点は、文と理で異ならない。

しかし、フィールドワークを主とする分野を別にすれば、文は自宅（自室）も研究する「場」だ。これに対して、理系の研究する「場」は、大学内の施設に限られる、といっていいだろう。

自宅に研究の場がある文系の大学院生は、週に数時間大学に行くだけでよい。研究はほとんど自室でおこなうことができるからだ。

また、理系の大学院生は、履修している授業や演習以外でも、つねに属する研究室にいる必要がある。一つは、自分の研究のためである。二つは、学部学生の授業や実験の手助けをするためだ。

ところが、文系の大学院生には、共同チームを組んでやるフィールドワーク系の分野は別として、学部学生の授業や演習を補助をする必要は、ほとんどない。結果として、文系の大学院生の生活の場は、図書館を除いて、ほとんど大学の外、ということになる。

つねに大学にいる理系と、そうでない文系とでは、アルバイトの仕方も異なる。

理系は、学外で自由時間を獲得することが難しく、基本的には、アルバイトをすることが不可能だ。文系は、アルバイトで自活する人もいる。ただし、自由になる時間をアルバイトに割くあまり、研究が疎かになって、修士論文や博士論文を書くことができない、という例も少なくない。あるいは、論文を書いて提出しても、たとえ卒業できたとしても、低い評価しか得られず、研究者の道を断念せざるをえなくなった、というケースも少なくない。留意したい点だ。

4　研究生活というもの

△修士論文、博士論文は研究生活の集約

大学院生の生活の中心であり最重要課題は、いうまでもなく「研究」で、研究者として自立するために必要な研究活動だ。

その研究は、つまるところ、修士論文を書くこと、博士論文を書くことに集約される。それほどに、修士論文と博士論文は重要なのだ。

自立した研究者として認められるためには、博士課程に進まなければならない。その進学の条件は、質の高い修士論文を書くことにある。論文について、最低限度のことを述べておこう。

①質の高い論文の条件は、オリジナリティ（独創性）があることだ。しかし独創的であるかどうかは、既存の研究を調査研究しなければ、わからない。どんなに新しいと自分では思えても、すでに類似の研究があれば、剽窃や盗作の類となる。学説史、研究史の精査が必須な理由だ。

②どんなに問題意識が高くとも、その問題意識を疑問のない「論拠」や「資料」によっ

て跡づけることができなければ、虚言の類になる。問題意識の大きい人ほど、主題（テーマ）を縮小して、論拠や資料提出に集中することが必要だ。

③論文は、書き上げなければ、価値がない。

論文（文章）を書く力を、普段から高める努力をしておく必要がある。課題が決まった。論拠もそれを裏付ける資料もじゅうぶんだ。じゃあ、書けるか、というと、そうはゆかないのである。

④修士論文を書くためには、二年では短すぎる。二年で仕上げようと思えば、入学時から研究活動をはじめ、最低でも、二年の夏休みには、書きはじめている必要がある。

この詰まったスケジュールで論文を書くことができるためには、学部時代の勉強が重要な前提になる。こう思って間違いない。

⑤卒業論文、修士論文、博士論文は、別々な研究作業ではない。一連の、より高い段階を目指す研究活動の集約である。

△研究には、文系では書斎と文献が必要だ

理系では、特殊な領域は別として、研究の場所も、研究材料も、自前でそろえる必要は

ない。そろえようとしても、自前ではほとんど不可能である。大学が用意してくれたものを「利用」する他ない。この意味でいえば、自分の身一つで研究活動を続けることができる。

これに対して、文系では、研究場所も、研究の材料も、自前でそろえなければ、良好な研究活動をすることは容易ではない。

もちろん、研究は大学の研究室でおこなうことができる。文献も図書館を利用できる。しかし、図書館の利用可能な文献は限られている。また基本文献は自前でなければならない。たとえば、図書館の文献に、付箋を付すことぐらいはできるだろうが、線を引いたり書き込みをすることはできない。それに、自前の文献でなければ、必要なとき、直ちに利用できない。

どんなに狭くても、文系の大学院生には、必要な文献をそろえておく「書斎《ライブラリィ》」が必要である。もちろん、書斎といっても、寝起き共同の部屋でもいい。ただし、必要なのは長時間集中して研究に励むことができる部屋だ。

特に大事なのは、研究論文を書く場合で、まわりに文献やリファレンス（辞典等）類がない場所で、きちっとした論文を作成することは、ほとんど不可能である。

情報社会だ。書斎には、ＰＣ（パソコン）を中心とした情報媒体が必須で、現在、インターネットを活用せずに、スムーズな研究活動をおこなうことは、非常に難しい（だろう）。

また、パソコンは論文作成の基本道具だ。情報収集ばかりでなく、パソコンで論文を書く（打つ）からだ。

パソコンを備えた部屋（書斎）が必要である、という点では、理系も同じだ。

△修士卒は技術者に、博士卒は研究者に

文系、理系を問わず、主として、修士課程修了者は専門技術職に、博士課程卒は専門研究職に就く。こう考えていいだろう。したがって、主として、修了後の進路は、修士課程卒は企業に、博士課程の修了者は大学や研究所に職を得る。もっとも、企業にも研究所がある。そこにも、もちろん博士課程を修了した、あるいは博士号を修得した研究者が多数存在する。

理系の技術職は、現在、ほぼ大学院卒が標準だ。法科大学院卒のような文系の専門職（経営管理や法律実務等）も、総じて技術系であると思ってほしい。この意味でいえば、

技術職はますます増加する、と見ていいだろう。

研究職は、大学では研究と教育をおこなう。研究所では研究をおこなう。しかし、ともに、その研究にふさわしい成果（業績）を要求される。業績なき研究者は疑似研究者だ（ただしその数は多い）。

見のがされているが、日本の民間企業の研究開発費は世界のトップ水準にある。民間企業の研究所の役割が大きい、ということだ。この点で、大学院卒が、こんごますます民間で研究職を求める傾向は大きくなるだろう。

研究者にとって、定期的に研究発表をすることは、いわば「義務」で、この義務を欠くと研究者として「失格」の烙印を押される覚悟が必要である。

したがって、大学院を出たから、それにふさわしい職やポストがまっている、と考えるのは、正しくない。むしろ、大学院を出たら、就職先は限定され、競争も激しくなる、と考えたほうがいい。しかし困難でも、自分の好きな研究や仕事をゲットできるのだ。ゲットしたら、その研究や仕事に邁進でき、その成果が大きければ、それにふさわしい待遇を得ることができる。こう考える必要がある。

5　大学教授になる方法

△『大学教授になる方法』1991

わたし（鷲田）は、一九九一年に、『大学教授になる方法』という本を書いた。大きな反響があった。理由を四つだけ挙げよう。

①この本が出るまで、一般的に、大学教授の実態も、どのようにして大学教授になるのか、という具体策も、ほとんどの人の関心の外にあった。大学教授の実態も、教授になる方法も厚いベールに包まれて、広く知られていなかったからだ。そのベールを剝ごうとした。

②「偏差値五〇でも、やりかたさえ間違わなければ、大学教授になることができる。」これが拙著のキャッチフレーズであった。つまり、「だれでも大学教授になれる」と宣言したに等しい。

③大学教授は、一年間におよそ一〇〇日出校すればいい、あとの二六五日は自分のための自由時間だ。ゆったりした気持ちで人生を送りたいと思う人が数多く飛びついた理由だ。

④大学教授に医者や弁護士のような「資格」はいらない。

大学教授を遠い存在、なるのが難しい存在と思っていた通念が破られた。この本を読んで大学教授をめざし、そしてなった人は、想像以上に多い。こう確言できる。

この反響にいちばん驚いたのが、この本を書いた本人であった。小出版社からだし、一万部売れたら「乾杯」しよう、と若い社長と語っていた。希望的観測である。ところが、あれよあれよという間に五万部を超し、軽く一〇万台に達し、ベストセラーの仲間入りを果たした。続編（実践篇）も書いた。正・続とも、文庫本化され、ロングセラーになっている。

△大学教授は「おいしい」か？

だれでもなれる。資格無用。一年の過半以上が休み。しかも、社会的地位が高い。こういわれると、短絡して、大学教授はだれでも簡単になれる。いったんなったら、思うがままの自由な生活がまっている。こう思う人がいた。それも多数いた。そういう誤解を与えるような書き方を、「詐欺」まがいの「甘言を弄する」という。

著者は「そうではない。」とはっきりいえる。

①この本に登場し、大学教授のポストをゲットした人の紹介は、ほとんどわたし自身が

観察・体験した実例である。健康食品の誇大「成功」例とは異なって、事実に即した記述だ。

②最大の問題ポイントは、「だれでもやりかたさえ間違わなければ、大学教授になれる。」という箇所だろう。

無条件ではなく、「条件」がある。

大学卒業後、一〇年間、定職に就かず、研究生活をする。これだ。

つまり、一年三六五日、それを一〇年間、休むことなく研究を続けるのだ。これは、研究が、学問が好きでなくては不可能である。

どんなに鋭敏であっても、才覚があっても、「学問が好きだ」に優るものはない。こう喝破したのは「学問の王道」を説いた伊藤仁斎（1672〜1705）で、わたしもまったく同感だ。

好きだからこそ、休みの日も、否、休みの日にこそ、ぱっちり目が開き、早起きして研究に励むことができる。大学教授になるには、マジックは必要ない。学問好きであれば、一〇年間といわず、一生、学問研究に励むことができる。

一日なら、八時間、机に向かうことができる。しかし、一月ならどうだろうか。学ぶこと、研究することが嫌いな人は、三日で匙を投げる。三六五日、研究生活を続けることができるのは、学力（偏差値）のゆえではないのだ。

③したがって、休みの日は、レジャーの日ではない。出校のない日にこそ、心おきなく研究ができる。むしろ、休日の日には、朝早く目が覚め、いそいそと机の前に向かっている自分を発見するだろう。それが学問を好む人の性癖だ。

もちろん、わたしは極端なことをいっている。どんなに学問好きだって、一日や二日、研究を休むことだってあるからだ。

△『新・大学教授になる方法』２００１

『大学教授になる方法』を書いて十年後、まったく新しい構想で『新・大学教授になる方法』を書いた。アメリカ各地の諸大学を実地調査した上でのことだ。

この十年、世界は大変化に襲われた。日本とて例外ではなかった。日本が変化に対応する速度は遅かった。しかし、危機を脱して、ようやく変化の加速期にさしかかっている。こう確信できる。本書を書いたのは、第一に、世界と日本の背景が変化したからだ。

大学の最先端をいくアメリカで、大学教授の平均給与は、日本と比較すると、約半分だった。しかも、ポストを巡る競争は激しく、つねに一ポストをめぐって一〇〇倍の競争率を超える。

ということは、給与は安いのに、次から次に才能ある人が大学教授を目指しているのだ。どうしてか。

一、研究が好きだから。二、自由時間があるから。三、社会的地位が高いから。およそこの三点に集約できる。

アメリカの「強さ」は、この「研究熱心さ」に現れている。わたしにはそう思われる。日本で大学教授になる難易度（競争率）は、アメリカよりかなり低い。給与も高い。ただ社会的地位は日本のほうが低い（だろう）。総じて、日本の大学教授は、恵まれている、といっていい。

日本は再びアメリカに追いつき、追い越す必要がある。そのためには、日本の「復活」を促す、大学教授の能力アップが必要だ。新しい才能ある学問好きの人たちが、大学教授になってほしい。これが、新たにこの本を書いた理由の第二である。

第三に、日本の大学も大学院も多様化した。特に顕著なのは、社会に開かれた大学、産業界、官界と結びついた大学のあり方だ。国公立大学の独立法人化、専門（職）大学院の登場はその象徴である。

一言でいえば、新たに必要になったのが「大学の自由化」で、それにふさわしい教師の出現である。特に、産業界、官界等で実績のある人が、新しく大学教授に参入することだ。もちろん、大学生、大学院生が、この日本の、日本の大学の新しい流れに沿って、研鑽を積み、大学教授を目指してくれることを欲している。

しかし、つねに変わらないのは、学問好きが、研究好きが、もちろん教育好きが大学教授の大部分を占めることである。

大学が変われば日本が変わる。何年もこのことを訴えてきた。そのためには、まず自分が変わろう。これがわたしの変わらないモットーだ。

この十年、日本は大変化を遂げてきた。それをさらに加速させたい。大学が大変化した。さらに加速させたい。そのために、意欲ある人たちが、大学にはせ参じている。さらにそれを加速させたい。

△『こんな大学教授はいらない』2012

そしてさらに十年たった。『こんな大学教授はいらない』を書いて、わたし自身も長い大学教授の生活を引退した。

書名だけ見ると、この本は、前二著の考えを否定するために書いたように思えるだろう。そうではない。

一、二一世紀、日本だけでなく、世界中がつねにリストラ（革新・再生）を要求される時代に突入した。これは変化を求めず、「安心立命」で生きたい人には辛いだろうが、世界が、社会がつねに再生を要求しているのだ。大学だって例外ではない。

だから本書は『新・大学教授になる方法』を否定するために書いたのではなく、前著の主意をいっそう徹底するために書いたのだ。

二、大学のリストラにもっとも必要なのは、設備や制度ではなく、まずは大学教授のリストラである。

前著で「大学教授が変わらなければ、日本は変わらない。」こういった。本書の主意も同じで、じゃあ、どのように変わるべきか。これが本書の主題だ。

三、わたしが主張しようとしまいと、すでに日本の大学は急激に変化の速度を増している。本書はその「再確認」でもある。

最後に、付言させてほしい。わたしは二十七歳で非常勤講師として大学で教えはじめ、三十三歳で定職をて、七十歳に退職するまで、長い間、大学にポストを占めてきた。幸運であった。

存分に、好きな仕事に打ち込むことができた。最大の幸運だろう。

退職後も引きつづき好きな仕事に打ち込むことができる。至上の幸運だろう。

そういう思いにさせてくれた、最初に定職を与えてくれた三重短期大学と定年までおいてくれた札幌大学の関係者に感謝したい。この思いは今後も変わらないだろう。

6　資格とスキルアップのための大学院進学

△再訓練・再教育

あなたがたが大学を卒業して、就職する。もう大学とは無関係になるだろうか？　そうはいかない、といってみたい。

マンハッタンのダウンタウンに近いニューヨーク大学のキャンパスは、五時まで若い学生によって占められている。五時、潮が引いたようにキャンパスが静かになる。

五時半から、歩いてまたは自転車で、サラリーマンやＯＬが三々五々やってくる。手にファーストフードを握っている人も見かけられる。キャリア・アップのために授業を受けに来るのだ。

そして、六時、黒塗りのクルマがやってくる。ウォール街のエリートたちが受講にやって来る。その中には金融エキスパートの講師も混じっている。

これは、二〇〇三年時、経済政策・金融担当大臣であった竹中平蔵氏から聞いた話だ。ＯＬも証券界のエリートたちも、進んで再訓練の場を大学に求めている。だれもが「フォー・サムシング・ベター」を目指して学んでいる。「よりよい明日のために」だ。これがアメリカの強さの「秘密」なのだ。こう竹中氏はいう。

資格に、能力《タレント》に地位と報酬がついてくる。これがアメリカ競争社会の原則である。

もちろん、競争社会には弊害もある。しかし、年功序列・終身雇用社会のように、一度職を得たら、定年までエスカレーター式だという社会は、停滞と衰退を余儀なくされる。

日本も、アメリカとは違った、あくまでも日本式にではあれ、競争原理が浸透しだした。大学も実業界も、公務員も、能力と業績と資格にポストや給与が結びつくようになってきた。

大学に入った。卒業した。就職した。あとは会社が与える仕事をこなしてゆきさえすればいい。こう思っている人が大半ではなかっただろうか？

しかし、事態はその方向には進んではいない。だれでもできる仕事、特に訓練を積まなくとも、資格がいらなくともできる仕事は、いつでも他のだれかによって、機械やＩＴに取って代わられる可能性が大なのだ。特に、自分より若い、したがって給与の安い人によってだ。

さらに高い知識や技術を習得するために、大学院がある。さらに、いったん就職しても、自分の能力を維持し、上昇させるために、あるいは新しい資格を得るために、大学院へ社会人入学することが必要な場合もある。

大学に入学したら、大学院のことを考慮に入れる必要があるのは、すでに述べたように、研究者になるためばかりではない。キャリア・アップのためだ。このことを頭に入れておこう。

△社会人のための大学院が花盛り

特にわたしたちは高速で変化する社会に生きている。つぎつぎに新しい知識や技術、新しい仕事（職）が現れる。古い知識や技術、仕事がリストラされてゆく。新しい知識や技術を身につけ、新しい仕事に就くために、社会人が大学院で学ぼうというのは、悦ばしいと同時に普通のことになりつつある。

資格獲得やスキル・アップのために大学院にはいる。そのためには、せっかくえた職を辞さなければならない。それに、受験がある。大学院で学びたくとも、躊躇する人が多いのではないだろうか。

①夜と土日を通えば所定の単位を修得できる夜間大学院がある。通信制の大学院もある。それに、大学院の社会人入学は、考えられている以上に、難しくない。この二点を心に

とめておこう。

ただし、働きながら大学院に行くというのは、体力のある人、意志の強い人でなくてはならないだろう。

②もちろん、退職して、一年から三年間、専門（職）大学院で学ぶ。あるいは、二年修士課程、あるいは三年博士課程を一般の大学院で、みっちり学ぶ、これにこしたことはない。

重要なのは、たんに資格（修了証書）を得ることではない。能力アップ（スキル・アップ）を図ることだからだ。その能力を活かして、仕事をし、成果を上げ、評価を得ることである。資格に仕事が着いてくる、ポストや報酬がついてくる。こう考えるのは、安易というものだ。

中途半端な気持ちで、職も、学業も、と考えると、「二兎を追うものは一兎もえず」の譬えどおり、学業は途中放棄となり、職も失う、という結果になりかねない。

③さらに社会人入学の場合、留意したいのは、すでに結婚している人だ。配偶者の同意が必要だからだ。配偶者の支援がなければ、長期の学業生活に耐えることが難しくなる。高額な費用がかかる。学業中、収入は途絶える。配偶者の不満のなかで学び、卒業して

も望むポストや収入にありつくことができなかった場合、その反動は大きい。
④それでも、若い時に、思うがままに自分のやりたいことに挑戦するのは、すてきなことだ。大学院で資格を取ること、能力アップを図ることは、その一つである。

△「学ぶのは一生」の中心が大学院になる

否、学び直すのは、若い時に限らない。人生百歳の時代に突入したのだ。四十歳といわず、定年後に、七十歳からでも、大学院で学びなおし、人生のステップ・アップを図るのは、これまたすてきなことである。

「生涯教育」といわれる。辞書に、「学校教育だけでなく、社会の成員すべてが一生涯にわたって必要な教育が受けられるよう保障する考え方」とある。

その一つに、リカレント教育（リカレント・エデュケーション　recurrent education）がある。「環流教育。ＯＥＣＤ（経済協力開発機構）が提唱している生涯教育の構想で、学校教育と社会教育を循環的にシステム化しようとするもの」と事典にある。

大学院は、学校教育と社会教育を結ぶ中心機関になりつつある、と思える。

一つは、社会人に大きく門戸が開かれている。

二つは、大学（学部）卒が過半を占めるようになった。日本人の多数派が改めて学び直す場が、大学ではなく、より高度な知識や技術を修得可能な大学院になる。これが自然の流れだろう。

これは、いま大学に入ったばかりの人たちには、ぴんとこないかもしれない。しかし、大学で学ぶのは、現在ただいまのことばかりだけではない。未来の自分の姿を考察することも、大事な要素なのだ。

学び直せる。新しい知識や技術を新たに学び取るチャンスがある。これは、人生をやり直そう、あるいは新ステージに立とうとする場合、大きな支え、あるいはバネになる。

しかし、学びなおすことができるためにも、まず、いま・このときをぞんぶんに学ぼうではないか。学生生活においてだ。いまを充実して生きる、これが「明るい未来を切り開く」、今も昔も変わらない第一の鍵なのだ。

新しいステージに立つ人たちに——あとがきにかえて

1　「現代はつねに最悪である」

△「よい」時代に生まれる不安

わたしには三人の子供がいます。まだ三人ともぎりぎり30代ですがこれまでの成長過程を観察していていちばん強く感じられたのは、「30代まではつらいだろうな」でした。「同情」や「憐憫」などではありません。むしろわたしにとっては「反感」や「羨望」と混ざり合わさったものです。

アメリカ軍に完膚無きまでたたきつぶされた敗戦後の「衣食住」難のなかで、わたしたちは育ちました。なんであれ腹いっぱい食べることができたら、それがベストの願いでした。ところが、わたしの親たちは「おまえらは戦争がなくてのうのうと暮らせる。平和で自由で幸せじゃないか」というのです。平和と自由はたしかにありました。だが不満たらだったのです。

「現代はつねに最悪である」といった哲学者がいます。振り返るとどんなに「幸せ」と思える時代でも、その時代を現に生きる人、とくに成長期を生きる若者たちにとっては、先の見えない不安と不満にみちた時代にちがいありません。

ごく少数の「銀のスプーンを口にくわえて生まれてくる」幸運児をのぞいて、満足した青春を満喫している人はほとんどいないのではないでしょうか。「現在」が年長者にとって（自分たちのとくらべて）異常なほど幸せな時代に見えても、そこで現に生きる若者にとってはあたりまえの日常なのです。スタートラインに過ぎません。

△欠乏の60年代

わたしは１９６０年代に学生生活を送りました。この時代を「黄金の60年代」という人がいます。だがわたしにはまったく別様な、惨めな時代に思えてしょうがありません。わずかの酒はおろか、まだ腹一杯食事ができる余裕がなかったのです。わたしだけではありません。でも、たしかに「満腹」がわたしたちの最大の関心事ではなくなりました。

やるべき学業や社会的関心事はありましたが、ほかでもない自分が（半生をかけてでも）したいこと、しなければならないことは霧の中でした。「～したい」は「ウォント」（want）です。同時に「～を欠く」ですね。自分にはあれもこれも欠けている。でも「腹が減った」（欠食）を満たすことは可能になったし、阪神デパートではじまった「ヴァイキング」（肉の食べ放題）にも手が届きそうになりました。でも自分が何をしたいのかわからないこの「こころ」の欠乏感、これが20代最大の不安と不満の素でした。

△制服を脱ぐ

学生時代、外出着は高校のとき着用した学生服のままでした。でも貧しかった60年代の末、はっと気がついたら、学生服からおさらばしていました。しかも非常勤ながら大学の教壇に立っているのです。70年代のなかばまで常勤（定職）のポストをえることはできなかったものの、ようやく自分が立ち続けるべき道が決まります。

しかしここからが本当の「苦しみ」を味わうことになります。自分がやりたいこと、なろうとする仕事がはっきりしたのに、それを可能にするポストが自分にいつやってくるのかわからなかったからです。しかも自分のまわりの先輩、同期、後輩のすべてが定職を得たのに、自分だけにポストがやってきそうもなかったことです。取り残されたという感情ですね。これは尋常ではありません。

でもあきらめかけたとき、友人がポストを見つけてくれました。燭光のようなものがようやく点りはじめたと感じた瞬間です。このときと同じ年代になったわたしの息子や娘たちに、はたしてかすかな光がやってきているのでしょうか。感じていると信じたいですね。

コラム「銀のスプーン」

be born with a silver spoon in one's mouth.（「銀のスプーンを咥えたまま生まれてくる」）で、出典はセルバンテスの『ドン・キホーティ』の英訳だそうで、「一生食うに困らない裕福な家に生まれる」を意味します。ただしどんなに裕福に生まれても、「不満」や「不幸」感に襲われないということはありません。大いなる「満足」は大いなる「不満」を意味します。「ものあまり」「飽食」の時代こそ、不満や不安が大きくなるということは日々体験ずみでしょう。

2　ゆっくりまわり道を

△モラトリアム

　1960年、大学進学率は10パーセント、50パーセントが中学を出て就職しました。わたしが出たS中学の同期で大学に進んだのは7人で、卒業生の5パーセントに過ぎません。大学に行くこと自体が稀で、幸運だったのです。それでも「なぜ高校へ行くの？」と聞かれると「いい大学に入りたい」、「なぜ大学の行くの？」と聞かれて「大学に入って将来を決めたい」がわたしの答えでした。志が低かったのでしょうか？　そんなことはないと思います。

　現在、大学進学率は50パーセントで、わたしたちのときの高校進学率と同じになりました。「何になりたいか」を決めて大学に入る人は稀です。「大学に入って何になるかを決める」という人がほとんどなのです。むしろ「大学に入って何になるかがわからなくなった」という人も稀ではありません。

　15歳で定職について生きる、これが50年以前の日本人の普通の生き方でした。ところが22歳で定職につく、これが昨今の平均的な日本人です。半世紀のあいだに平均寿命が延びただけではなく、7～10年、働きはじめる時期を猶予してくれるモラトリアム時代なのです。「ゆっくり（と見える）まわり道」が許される社会ですね。

昨今の若者は働くのを、学ぶのを嫌う人種になったかの議論があります。そうではないといいたい。

△フリーター

手に職をもてば一生食いはぐれしない、定職に就けば定年退職まで働ける、という時代がありました。（現実はその通りではなかったにしてもです。）「仕事」や「就職」は一生ものと思われていた時代です。

しかしこの50年間、日本に産業構造の大転換（農から工へ、そしてサービス業から情報産業へ）がありました。技術革新の結果です。革新のスピードがますます加速化しています。一つの「技術」を手にしたら、一生それを磨いていくだけでいいなどということがむずかしい時代になりました。企業や組織はリストラ、個人は転業転職が普通になったのです。

大学を卒業しても定職をもたずパートで生きる若者が増えました。フリーターですね。

この若者群に眉をひそめる人がいます。でも時代の急速な変化にすぐには対応できないが、どうにかして対応したい、自分なりに熱中できる仕事を見つけたいという人たちも数多くいるのです。一度就職したが、次の仕事をめざして知識や技術の習得に励む人も少なくありません。

フリーターは、社会の余計者ではありません。高度技術革新時代に必須な要素である側面を見のがしてはいけません。そういえばわたしも33歳まで純然たるフリーターでした。

△ニート

フリーターとニート（就職・学校・訓練を拒否する人）ははっきり区別したいですね。フリーターは仕事・勉強・鍛錬を拒否しません。非定職＝パートというだけです。それに非正規雇用は今日のように高速で変化する、つねにリストラを迫られる社会には必要でもあるのです。フリーターが不正常であるという「偏見」から脱却すべきではないでしょうか。

ニートはパートと根本で違います。就職＝仕事も、勉強＝訓練も拒否するからです。イギリスで、若者たちを特にさしてニートという言葉が生まれましたが、もちろん、若者にかぎった現象ではありません。中年も老年にもいます。けっして少ない数ではありません。それに最近に限ったことでもありません。

国や両親に「寄生」（パラサイト）しているのに、自由気ままに生きてゆけるから就職無用、学校無駄、鍛錬嫌悪、と考えている人はけっして少なくありません。でも根本は、こういう人たちを「保護」し「扶養」するほうが間違っているのです。

コラム　悠悠と急げ

時代の変化は速い。だから「最短距離」をめざして、ものすごい勢いでダッシュすべきである。こう考えるだけでは誤るのではないでしょうか。「急がば回れ」といいたいのではありません。

高度な知識と技術を習得するのには時間がかかります。「修学期間」がおのずと伸びる理由です。同時にいったん手にした知識や技術でも、つねに深化と改良を加えなければなりません。毎日が勉強です。「悠悠と急げ」は勉強と錬磨に時間を惜しむなということではないでしょうか。

3　自分のいる、このとき・この場所で粘ろう

△「強制」はいやだ

「勉強」が好きな人はいるでしょうか？　わたしの四人姉妹やわたしの二人の娘も、みんながみんな勉強が嫌いでした。もちろんわたしもです。中学に行くまでのわたしといえば、学校から帰るなり、カバンをそっと玄関において、暗くなるまで遊びほうける毎日でした。教育ママの母にどんなに叱られるのかがわかっていてもです。そんなわたしの姉妹や娘たちが、もう学校や勉強の必要がなくなってはじめて、真顔で「もっと勉強してみたい。勉強しておけばよかった」というのです。

小中高大学時をとわず、授業と勉強は「強制」です。強いられると嫌いになる、ストレスになる、これは勉強や仕事だけのことではないでしょう。どんなに素晴らしい魅力的なものでも、無理強いは嫌いの素です。

強制あるところ、授業はさぼりたい、勉強は避けたい、これが人間に共通の感情であり、正常なのです。かならず登校し、熱心に勉強したい、塾でも家でも努力を欠かしたくない、こういうほうがよほど異常だとわたしは思います。

「強制」がなければ、年齢性別に関係なく、学校に行かない、勉強しないということになります。「仕事」も始まりません。

△強制が必要だ

学校が一方的な「管理」と「強制」の場だったら、居づらいだけでなく、問題ですね。しかし学校に「管理」がなく、「試験」がなく、「落第」がなければ、学ぼうとさえしない、これが人間の平均的な姿なのです。誰であれ、管理や強制を忌避して社会に出たら、まさにニート（無＝職・学・練）になるほかないでしょう。

餌を獲らない、獲り方を学ばなかった野生の動物は餓死するほかありません。人間だって必要な餌（衣食住）を自分で獲得しなければ飢えます。

勉強は強制からはじまります。ところが強制された勉強を続けてゆくと、勉強が強制だけではなくなります。ここが不思議なところです。仕事もまったく同じです。わたしは父の妹であるおばさんたちに、小学にあがるまえ「鷲田小彌太」を漢字で書けなかったので、「この子は遅れている」といってなんども書く練習を強いられました。じつに嫌でしたが、漢字を覚えてしまえば、書く苦痛はすっと消えてしまいました。

勉強嫌いだったわたしですが、高校大学と受験を課せられ、卒論修士論文を書かされ、ついには学ぶ・研究することを仕事に選び、気がついたときには、自分の仕事をしていないとなんだか身の置き所がなくなる、むしろ不安になるようになっていました。勉強好きになったといっていいのではないでしょうか。およそ35歳を迎えるころです。

△「いま・ここで」

はじめから「強制」を避けてはだめです。学校であれ、職場であれ、いま目前にある課題（強制）をこなす力を少しでも多く身につけるほかありません。でも強制は嫌です。その強制を少しでも軽くする最も簡単な方法は、否も応もなく、目前の課題に全力で取り組むことです。自動車を運転したいなら、車を買う前に運転力を身につけるほかありません。

ああしたい、こうなりたいという大きな希望をもつことはとても大切です。でも一躍（ワン・ジャンプ）でその希望を満たそうとすると、脚の骨を折るのがおちです。いまいる・この地点からステップ・バイ・ステップで進むほかありません。ところが「一歩一歩」が「やさしくかつむずかしい」のですね。亀の歩みのように「のろい」のならまだいいのですが、試行錯誤をともなう「一歩前進、二歩後退」だからです。

エッ「差し引き『一歩後退』で、無駄な努力じゃないか」と思わないでください。長い人生です。決まったレールの上を走るのとは異なります。舗装道路だけではありません。山坂があり障壁も絶えません。重要なのは、停滞や後退を余儀なくされても、中間の駅駅をたどりたどりつしながら、最終駅に向かって歩みをやめないことです。

ただし、ここで強調したいのは、「最終駅」はないということです。あなたが歩みをやめたところ、そこがあなたの中間駅でありかつ最終駅なのです。あなたが歩いた貴重な「いま・ここで」の一歩一歩が、最終中間駅へとたどり着く一里程《めじるし》なのです。

コラム「一歩前進、二歩後退」

これはロシア革命の指導者レーニンが書いた『一歩前進、二歩後退』からきています。「革命組織の分裂は一見して後退に思えるだろう。だが組織の原則に戻って再出発することが、真の前進と勝利を約束する」という意を含んでいます。この本から離れれば、〈「一歩一歩」のプロセスは、直進的前進ではない。迂回や停滞、ときに挫折を含む。なかなか先が見えない。重要なのは「いまここで」の一歩を断念しないことだ〉になります。

4　やりたいことがわからない人たちに

△「やりたいこと」

好き嫌い、とりわけ食べものにかんする好悪は、ひとさまざまですね。

とくに寿司の好みは千差万別です。生もの自体がだめ、火を通さなくてはいや、という極端な人がいます。でも食べず嫌いは別にして、最初の出会いがとても重要です。「旨い寿司」を食べさせられると、「生ものはいや」という固定観念があっというまに氷解し、こんな旨いものとは知らなかった、食べずにソンをした、という例によくよく出会います。

とくにやっかいなのは、「臭い」ですね。生魚は臭いがきついという「観念」がしみわたっているのか、「この魚、臭わない」＝「生臭くない」＝食べられる＝オイシイ、という括られかたをします。「魚肉」だけでなく、「肉」が嫌い、食べられないということになりますね。でも、ニオイのない肉なんて、存在可能でしょうか。

「やりたいこと」が「ない」、「わからない」、どうしたらいいの、とよく聞かれますが、「やりたいこと・やりたくないこと」は食べ物の「好き嫌い」とよく似ています。

好き嫌いは、食べてみてわかる。「マグロの中トロはおいしい」とは決まっていません。魚体、保存状態、調理の仕方、包丁いかん等々で、味も千差万別です。だから食べてみてはじめてうまいまずいは、したがって好き嫌いはわかろうというものです。それもかなりの数を食べてみなければ本当のところわかりません。

△やり続ける力

通常、ということは「天才」（異常）は別にしてということですが、「やりたいこと」はやってみなければ、それもかなりの期間「やり続けなければ」、わからない、こういって間違いありません。むしろむずかしいのは、はじめからやりたいこと（大目標）がはっきり決まっている人のケースでしょう。

「保養と現代アート」をコラボさせたユニークな温泉旅館Dがあります。このDで働きたい。保養とアートを合作する理念に大賛成で、自分もこの理念を実現する一員にくわわりたい、こういう「大志」を抱いて入社してきた子がいました。大歓迎です。ところが、（予想通り）半年もたたずに、退社です。いろいろ挫折の原因はあるでしょうが、最大のものは「持続力の欠如」だ、と思われます。

旅館です。日常業務さまざまな雑務があります。旅館サービスの基本です。毎日、浴槽、トイレだけでなく、客室の小物、窓まで清掃を欠かさない。これが最低条件で、これらには現代アートのカケラも含まれていません。この立志の子は、客一人一人への細やかな対応や雑用に耐えきれず、ここでは自分の立志は実現不可能だ、と去っていったのです。

△人間の基礎力

「やりたいこと」が裸のまま存在し、それを短期間で鷲づかみすることができるのだったら、どんなに素晴らしいことでしょう。いえ、むしろ味気ないことではないでしょうか。簡単に手に入るものは、簡単に捨てることができるものにちがいないからです。

15、16歳のフィギュアスケートの選手が大活躍していますね。若い。しかし彼も彼女も、スケート靴を履いたのは、小学入学以前で、すでに10年以上練習してきているのです。やり続けてきたからこそ、今日の活躍があるのです。そういう選手たちでさえ、何度その練習を途中で放り出そうと思ったことでしょう。

「やりたい」と思ってはじめたことも「やり続けたい」というところまで行かないと、「やりたいこと」にはなりません。そう思ってください。

しかしここが面白いのですが、およそ「いやいやはじめたこと」でも、やり続けていれば、「やりたいこと」になる、その多くは「やりがいのあること」になることです。

わたしはどんな仕事に就こうとも、3年は我慢してその仕事に専念してほしい、と学生にいってきました。仕事には、主業に付随する雑用も入っています。「いやなものは、すぐやめるにしくはない」こう考えるかもしれません。気持ちもいいですしね。

でも気分次第でことを繰り返していると、わずかな仕事力はおろか、雑用力さえ身につかないまま、あっというまに30代になっています。反対に、どんな仕事でも3年間持続すると、なによりも「持続できる力」が、そして他の仕事に転じても活用できる力が蓄積されます。これが人間力の基礎、金＝雄弁ではなく、銀＝沈黙になるものです。

コラム　いぶし銀の背中

父は商家に生まれ、旧制中学を出てすぐ家業を継ぎます。ただし手代けん番頭の類で、60代に廃業するまで衰退する店頭に立ち、自分は家を継ぎたくなかった、商売が嫌だった、もっとしたいことがあった、と愚痴をいい続けました。その父が60にさしかかるころです。大学の同僚が、職人の「いぶし銀」のような光を父が放っているというのです。持続こそ体の奥底からにじみ出る銀であると、父の「背中」に教えられた一瞬間でした。

5 「なにものでもない」哀しみ

△35歳までの辛さ

「なにものか」になろうとして、「いまだなにものでもない」と思えるほど辛いことはありません。「やりたいこと」があるのに、その「手がかり」さえつかむことができていないとき、といっても同じです。ブランコ（宙ぶらりん）状態ですね。

大学を出て10年余、およそ35歳前後に、「なにものか」（サムボディ）になるのと同じことだが「なにか重要なこと」（サムシング）を手がけるきっかけをつかむことができた、こう思うことができたら、これほどの幸運はないと思ってください。ただしまだ「なにごとか」を成し遂げたわけではありません。世の評価は決まっていません。このときがさらに辛い、そう思えます。

エッ、35歳で、そんな遅くまで、と思うかもしれません。たしかに20代で「地歩」（ポジション）を固める人がいます。抜きんでた才能を発揮する人がいます。素晴らしい。しかし稀だと思ってください。そのまま地歩を維持拡大し、才能を全面開花させる人はさらに稀です。

もっと問題なのは、一定の「地歩」を築くことができた、評価もついている、こう思えるときなのです。現状に満足し、自分の未熟さを顧みることなく、停滞に甘んじる気分がおのずと湧いてくるからです。「初心」を忘れるのですね。

△初心の意味

「初心忘れるべからず」は世阿弥の能楽書『風姿花伝』のキー・ワードで、通常、ことをはじめようとしたときの真摯で純粋な気持ちを忘れるな、という意味に解されます。これはこれとしていいと思いますが、これだけではより重要な意味が抜け落ちます。

あるていど訓練も積んだ、仕事も順調で、評判も悪くない。そういうときの心の隙に、少しちやほやされ「慢心」が生まれる。まだ中途半端な知識や技術なのにもかかわらず、トレーニングの手を抜きがちになる。ちょうど35歳前後のことで、結果、停滞とときに後退が生じる。このことを自分の胸にたたんで忘れてはならない。現代風にいえば、こういうことになります。

事実、「新進気鋭」と評判を取り、将来の「大物」と名指された人たちの多くが、スポットライトが当たる舞台から消えていったケースをなんども見てきました。派手な世界の舞台に限りません。ようやく「やりたいこと」がわかり、そのことで何ほどかの評価をえる幸運に恵まれたのに、その幸運が慢心と停滞の原因になってしまうのです。これほど残念なことはありませんね。

△つねに新人として

しかし初心が必要なのは20代の新人や30代に地歩を築きはじめた人たちばかりではありません。

世阿弥は、どんなに熟練しようと、高い境地に到達しようと、「芸」の完成に終わりはない、ベテランもつねに「初心」をもって事に向かえ、といいます。この「初心」にもやはり二つの意味があります。一、錬磨を怠るな、二、つねに「新人」としてことに向かえ、です。一は自分の未熟を忘れるなということであり、二は新しい時代、若い人から学べということで、頑迷固陋になるなですね。

35歳前後は自力で抜けなければならない最初の「峠」です。しかし峠があるから登るのです。「なにものでもない」自分を突破（ブレイクスルー）することができるのです。そう思いませんか。

コラム　35歳が初心

世阿弥は、芸の稽古は13歳ではじめ、25で初心、35で盛期、45で老練（後退）だといいます。人生50年に満たない時代で、現在ではプラス10（～20）が妥当、本格的に芸（知識と技術＝仕事）を学ぶのは、23（大学を出て）からで、35で初心をむかえ、45～55が盛期、60以降で老練（後退）でしょう。どの期にも「初心」があり、錬磨と新人気質が必要ですね。一見あわただしいように思えますが、ゆったり行こう、ではないでしょうか。

6　「自己本位」でゆくは、自助でゆく

△「親」が行けというから

50年前まで、大学にいく人は1割以下でした。大学進学は「幸運」かつ「特権」でした。しかし現在、過半の人が大学等で高等教育を受け、それが当たり前になりました。むしろ大学や専門学校に行かないと「どうして？」ということになります。「なぜ大学に行くの？」と聞くと、「エッ、!?」という顔になり、多くは「みんなが行くから」、なかには

「親が行けというから」と答える人もいます。

就職の場合も、「接客の仕事がしたい、でも親が反対するから事務系の仕事にします」などという学生が少なくありません。ところが親を大事に思い、親の意見を尊重して、これをいうのかというと、そうではないんですね。

「親のために大学にきた」、「仕方なしにきてやった」、「親がいうから安定した職にしたんだ」、「してやったんだ」等という人もけっして少なくありません。親がどういおうと「この大学」に行きたい、「こんな仕事」をしたいというのと真逆なのです。

たとえ「この分野」を学びたい、「この仕事」に奔命してみたい、ということがはっきりしていなくても、自分の「学生生活」だ、「仕事人生」だ、自分で決めよう、決めたからには「やること」には「責任」をもとう、残念ながらこうではないのです。

親が行けというからきたのに、面白くない、やる気が起こらない、自分のせいじゃない、ということになり、数カ月で「怠業」（さぼり）に、さらに「退学」や「退職」にと続くケースもありますね。

△「自己本位」

自分の人生だ。自分の好きなように生きたい、生きるのだ。こういう自己選択は一見して好ましく思えます。だが自己選択の多くが、片寄った、自分勝手な態度につながるケースもけっして少なくありません。どうしてでしょう。

わたしたちは、とりあえず、これまでの自分の興味や関心のまわりで、したがって「狭い視野」で学業や仕事をはじめます。極端にいえば、数学嫌いな人は理学部を志望しないし、ロシアに無関心な人が露文に進むのは稀です。対面恐怖症の人はアテンダントを志望しないいし、哲学科を出て建築デザイナーになろうとはしません。

だが「自己本位」という言葉は「他を顧みない自分勝手」な態度を意味するのではありません。他を顧みて自分の道を見いだそうとする態度のことで、いまある自分の好みや関心の外にいったんは出て、広い視野に立ち、さまざまな知見や体験を通して、「これこそ自分の進むべき道だ」という発見を試みることです。

「自己本位」で生きるためにこそ、広く学ぶ必要があり、若いときの試行錯誤があるのです。広い展望をえるためにさまざまな分野の書を読み、ときに哲学科を出た人が建築デザイナーに挑戦するというケースも生まれるのです。

△「自立」努力

「自己本位」とは自分自身の脚で立つことです。その立つ脚がひ弱であったなら、自立して進むことはむずかしい。自分の人生だ、自分の好きなように生きるという選択は、自分自身の脚で立つことが最低条件になります。親兄弟、会社や友人、国や地域に「寄生して生きても、いいとも！」ではありません。

ただし人間は「一人」で生きているわけではありません。人生のスタートから、親の、その背後に親の会社の、さらに地域や国の支え（ガード）があって、はじめて生き続けることができるのです。正しくは、だれもが生かされており、およそ35歳までこの状態が続きます。

でも「自立」の歳になっても、「寄生」をやめず、しかも自分勝手を決め込んでいるのは、無責任というよりは「情けない」（浅ましくかつ惨め）といったほうがいいでしょう。「半人前」（ハーフ・マン）という言葉がピッタリです。

個人であれ、会社、国、社会であれ、自立努力がなければ停滞し、衰滅します。これが生きとし生けるものの鉄則です。重要なのは、人間の自立努力はこの世に生まれてからすぐにはじまることです。学業も仕事も、さらには遊びだって、その重要な一端です。自立努力をやめると生きる力を、生きる資格を失うといっていいでしょう。

コラム「自己本位」

夏目漱石はこの言葉をキー・ワードにして生きました。「エゴイズム」の訳語です。漱石は文芸を建設するために、文芸と縁のない書物を読みはじめ、科学的研究や哲学的思索にふけりはじめます。広い土地に立って、自分の建築すべき家は「ここだ」と決めるためです。決めたら「なにか重大なもの」に打ち当たるまで進む覚悟を、「私の個人主義」＝「自己本位」というのです。いまはやりの「自己中 egocentrism」とはずいぶんちがうでしょう。

7 自分で学び、習う、これが楽しい

△「学問」のすすめ

明治維新直後、2冊のミリオンセラーが出ました。スマイルズ『自助論』（中村正直訳『西国立志編』）であり福沢諭吉『学問のすゝめ』です。「自助＝自立」を説いた本と「万人平等」を説いた本とでは、正反対の内容と思えるでしょう。そうではありません。

「天は人の上に人を造らず、人の下に人を造らずと云へり」ではじまる『学問のす、め』はそのすぐ後で、ところがこの世には賢愚、貴賤、貧富の差がある。なぜか。学ばないからである。学ぶと賢貴富に、学ばないと愚賤貧になる。よろしく学びなさい。こういうのです。身も蓋もないような言い方に聞こえるでしょう。

しかし文明開化の時代、諭吉の言葉が大多数の人の魂をとらえたのです。スマイルズの「天は自ら助くるものを助く」、自助の精神は才知の源泉である、と同じことをいっているのですね。

大学と会社は、学びと仕事とよびかたは違いますが、ワーク work するところです。講義・演習があり、課業があります。与えられたもの（ノルマ）です。しかし大学で学問はし放題、会社で仕事はし放題ではないでしょうか。学んでえたもの、仕事でえたもの、それはあなた以外の誰のものでもありません。払った授業料分だけ学ぶなんて、つまりません。給料分働けばいいさ、では浅ましい。これこそ愚賤貧ではないでしょうか。

△「才覚」resources で

最近曽野綾子さんの『老いの才覚』という本がミリオンセラーになりました。もちろん

『新人の才覚』があっていいし、あって当然でしょう。「リソースイズ」は「資源」のことですが、とりわけ「精神の資源」＝「素質」をさします。資源は掘れば枯渇します。精神力（素質）は汲めば汲むほどが沸々とわき上がってきます。無尽蔵なのですね。

勉強も仕事も与えられた分を仕方なくやっているあいだは、たいしたことはありません。滋味も華もつきません。どんなに素晴らしいと思える素質（原石）でも埋もれたままになります。諭吉が「学びなさい」というのは、君がもつ素質＝才覚を開花させなさい、ということで、誰のためでもありません。みんな君のためです。君が熱中し、夢中になるものをえるためです。そこに自立が生まれます。

もちろん自分一人の力、才覚だけではたいしたことはできません。他者の、会社の、社会の、国の助力を必要とします。しかし君の歩みの中心は、君の才覚にかかっており、学ぼう・働こうという勤勉勤労心が中核にある必要があります。

君が才覚を働かせ、自立することが、結果として、君の家族を、会社を、ひいては一国を自立に導く糧になるのです。「一身独立して、一国独立する」は『学問のすゝめ』の第二のキー・ワードです。

△「先生」を見つける

大学でも、会社でも、自学、自習は欠かせません。すべてはあなたのため、あなたの才覚を高めるためにです。大学で勉強はやり放題、会社で仕事はし放題といいました。だが大学外で、会社外で（こそ）勉強も仕事もし放題です。熱中し、夢中になるものができるのです。そして大学外、会社外でも「先生」が、いい先生がほしいですね。

直接に師事する必要はありません。むしろ先生とは古今東西の「書物」だと思い切ってください。書物は未知の世界の扉を開くメディア（媒体）です。これは「世界が一つ」（グローバル・ワン）になり、どこでも・なんでも短時間で体験できる時代になっても、基本的には変わりません。

重要なのはいい先生＝書物を見つけるには、書物を沢山読む必要があることです。「馬には乗ってみよ、人には添ってみよ」ですが、書こそまさに読んでみよ、といわなければなりません。難しくありません。焦る必要もありません。書物は逃げません。消えません。求めよさらば与えられんです。読み続けていれば、「先生」が、人生の水先案内人となりうる「本」がきっと現れます。

本を読まない、読む必要を感じない人は、いい勉強も仕事も、熱中するにたる人生もやってきにくいだろう、と言い添えたいと思います。

コラム 「雑書」のすすめ

純文学、純哲といい、専門といいます。大衆＝雑文学、雑哲、雑学といいます。「雑書」というと「一山いくら」の本のような響きをもちますが、クイズ番組の「雑学」書の類ではなく、専門家にしか通じない言葉で書かれていない本で、専門・非専門領域にかかわらず、非専門家や大衆に理解できるように書かれた本です。『学問のすゝめ』『自助論』などがその見本です。広い視野に立ち、人間と世間を知るには、この種の非専門書が必要なのです。

＊あとがきにかえて＝北海道新聞（夕）連載（2012・3・3〜4・21）

[著者紹介]

鷲田小彌太（わしだ・こやた）

1942年、白石村字厚別（現札幌市）生まれ。1966年大阪大学文学部（哲学）卒、73年同大学院博士課程（単位修得）中退。75年三重短大専任講師、同教授、83年札幌大学教授、2012年同大退職。

主要著書　75年『ヘーゲル「法哲学」研究序論』（新泉社）、82年『書評の同時代史』86年『昭和思想史60年』90年『吉本隆明論』（以上　三一書房）、91年『大学教授になる方法』（青弓社）、96年『現代思想』（潮出版社）、2007年『人生の哲学』（海竜社）、2012年（〜17年　全5巻全10部）『日本人の哲学』15年『山本七平』17年『生きる力を引き出す 超・倫理学講義』（以上 言視舎）ほか、ベストセラー等多数。

本文DTP制作………勝澤節子
編集協力………田中はるか
装丁………山田英春

どんな大学に入ってもやる気がでる本
ホンネで考える大学の活用法 A to Z

発行日❖2019年5月31日　初版第1刷

著者
鷲田小彌太

発行者
杉山尚次

発行所
株式会社言視舎
東京都千代田区富士見2-2-2 〒102-0071
電話 03-3234-5997　FAX 03-3234-5957
https://www.s-pn.jp/

印刷・製本
モリモト印刷㈱

ISBN978-4-86565-147-8 C0036

言視舎刊行の関連書

978-4-905369-49-3

日本人の哲学１ 哲学者列伝

やせ細った「哲学像」からの脱却。時代を逆順に進む構成。１　吉本隆明▼小室直樹▼丸山真男ほか　２　柳田国男▼徳富蘇峰▼三宅雪嶺ほか　３　佐藤一斎▼石田梅岩ほか　４　荻生徂徠▼伊藤仁斎ほか▼５　世阿弥▼北畠親房▼親鸞ほか　６　空海▼日本書紀ほか

鷲田小彌太著　四六判上製　定価3800円＋税

978-4-905369-74-5

日本人の哲学２ 文芸の哲学

１戦後▼村上春樹▼司馬遼太郎▼松本清張▼山崎正和▼亀井秀雄▼谷沢永一▼大西巨人　２戦前▼谷崎潤一郎▼泉鏡花▼小林秀雄▼高山樗牛▼折口信夫▼山本周五郎▼菊池寛　３江戸▼滝沢馬琴▼近松門左衛門▼松尾芭蕉▼本居宣長▼十返舎一九　４室町・鎌倉　５平安・奈良・大和ほか

鷲田小彌太著　四六判上製　定価3800円＋税

978-4-905369-94-3

日本人の哲学３ 政治の哲学／経済の哲学／歴史の哲学

３部　政治の哲学　１戦後期　２戦前期　３後期武家政権期　４前期武家政権期　ほか　４部　経済の哲学　１消費資本主義期　２産業資本主義期　３商業資本主義期　ほか　５部　歴史の哲学　１歴史「学」―日本「正史」　２歴史「読本」　３歴史「小説」ほか

鷲田小彌太著　四六判上製　定価4300円＋税

978-4-86565-075-4

日本人の哲学４ 自然の哲学／技術の哲学／人生の哲学

パラダイムチェンジをもたらした日本人哲学者の系譜。「生命」が躍動する自然＝「人間の自然」を追求し、著者独自の「自然哲学」を提示する６部。哲学的に「技術」とは何かを問う７部。８部はヒュームの「自伝」をモデルに、哲学して生き「人生の哲学」を展開した代表者を挙げる。

鷲田小彌太著　四六判上製　定価4000円＋税

978-4-86565-034-1

日本人の哲学５ 大学の哲学／雑知の哲学

哲学とは「雑知愛」のことである……知はつねに「雑知」であるほかない。哲学のすみか《ホームグラウンド》は、さらにいえば生命源は「雑知」であるのだ（９部）。あわせて世界水準かつ「不易流行」「純哲」＝大学の哲学をとりあげる（10部）。

鷲田小彌太著　四六判上製　定価3800円＋税

「日本人の哲学」全５巻（10部）完結

【最終版】
大学教授になる方法

978-4-86565-106-5

大学を知り尽くした著者が生きた情報と真実を伝える。大学の「大量倒産」「冬の時代」などは虚語。団塊世代の引退で、大量のポストが発生。今こそチャンス！

鷲田小彌太著　四六判並製　定価1500円＋税

こんな大学教授はいりません
「淘汰の時代」に求められる人材

978-4-905369-25-7

「これまで」の大学と大学の「これから」がわかる本。なりたい人・気になる人必読！　大学にはどんな人材が必要なのか、その規準は何かを示す。『大学教授になる方法』で述べなかった、それでも大学教授になりたい人のためのテーゼを盛り込む。

鷲田小彌太著　四六判並製　定価1400円＋税

日本人の哲学名言100

978-4-86565-096-9

「ベスト100」には誰が?　吉本隆明から日本書紀へと遡源する、日本と日本人の哲学の「箴言集」=名言と解説。この1冊に日本の哲学のエッセンス=おもしろいところを凝縮した決定版。

鷲田小彌太著　四六判並製　定価1600円＋税

生きる力を引き出す超・倫理学講義

978-4-86565-093-8

自然哲学、社会・経済哲学、歴史哲学を内包した異色の学問!フツーの倫理学が教えない「鷲田倫理学」。「欲望」や「エゴイズム」とは?世に流通する「資本主義」「民主主義」「消費社会」の誤解を正し、新たな知を構築する。

鷲田小彌太著　四六判並製　定価2000円＋税

言視舎　評伝選
山本七平

978-4-86565-051-8

ベンダサンと山本七平は、別人である！『日本人とユダヤ人』の作者と、戦中の「異常体験」にもとづく日本陸軍四部作をものし、戦後論壇に独自の地位を築いた作者は、なぜ峻別されなければならないのか。「山本日本学」の深層に迫る。

鷲田小彌太著　四六判並製　定価3000円＋税